嬉しいことばが自分を変える

ことばの取扱説明書

元NHKエグゼクティブアナウンサー
村上信夫 著

ごま書房新社

はじめに

「だめだなぁ」「つまらないなぁ」「面白くないなぁ」

思わず口にしていませんか？　そうすると、駄目になるし、つまらなくなるし、面白くなくなる。ことばは現実化するのです。

「話すのは苦手だ」「初対面だから緊張する」「うまくいかないに決まっている」

こんな自分を誤魔化す一言、つぶやいていませんか？

否定的な嬉しくないことばは、無意識に口にしてしまいがちです。

嬉しくないことばは、断定的否定的です。相手を袋小路に追い詰めシャットアウトします。考えもしないで無意識に言ってしまいます。これが「武器ことば」です。

これに対して嬉しいことばは、提案型肯定型です。相手に身を委ねながら、いつでもゲートオープンしています。よーく考えて意識的にことば選びをして使います。

するといつの間にか、武器ことばが、「楽器ことば」に変わります。

「大丈夫だよ」「よかったね」「出来るよ」

こういうことば、その気にさせてくれます。大丈夫と言われたら、不安が拭《ぬぐ》えます。よかったねと言われたら、自分を認められたような気になります。出来るよと言われたら自信が湧いてきます。

「話しだしたらうまくいく」「初めての対面楽しみ」「うまくいくイメージしかない」自分を鼓舞する一言に早変わり。

肯定的な嬉しいことばは、かなり意識しないと出てきません。

第一章では、「嬉しくないことば」を「嬉しいことば」に変換した実例として、七十七「ことば」を掲載しました。「武器ことば」を「楽器ことば」に変えるべく、全国のことば磨き塾生と一緒に考えたものが中心です。

読者の皆さんも、変換する習慣をつけ、変換することを楽しめば、おのずと「嬉しいことば」の使い上手になれます。

第二章は、人の話を〝きく〟時の心得です。「聞く」ことと「聴く」ことの違いについて読者の皆さんは考えたことがありますか？　この章では、「嬉しいことば」を駆使しながら、「ことばを全身で聴く」ことについてお話しします。

本書に出会ってくれた皆さんのこれからの人生に、少しでもお役に立てれば著者としてこれほど嬉しいことはありません。

◆目次◆

目次

❖楽器ことば

あ行

か行

第二部　ことばを全身で聴く

―〝嬉しいことば〟で心の扉を開けよう―

●引用資料
「語源由来辞典」「言葉の手帳」「笑える国語辞典」「weblio」

第一部

嬉しいことば変換

――〝武器ことば〟を〝楽器ことば〟にしよう――

あ行

武器ことば 1

愛想がない

〈愛想（あいそ）〉

◆人当たりのいい態度「愛想がない店員」／人に対する好意・信頼感「愛想をつかす」／相手の機嫌をとる言葉や動作「愛想を言う」／おもてなし・心遣い「愛想がなくてゴメン」／お勘定「お愛想してください」

◆〈類語〉愛嬌（あいきょう）

楽器ことば 1

冷静沈着だね

無表情というか、反応がないというか、どうしても愛想が出来ない人がいる。

持って生まれたものだから、そういう人に「愛想がない」と言ったところで、愛想を振りまくことはなかなか出来ない。

そこで、「冷静沈着だね」と言われたら、自分のスタイルを認めてもらったようで悪い気はしないはずだ。

確かに空騒ぎしない人の方が信頼がおけるかも。

武器ことば2

ありえない

〈ありえない（有り得ない）〉

◆あるはずがない、ありそうもない。

◆信じられない。

◆「そんなことがあってたまるか」という感情の表明。ある出来事が自分の価値観や期待とは異なる時に、怒りが生じこの言葉が出てしまいがち。

楽器ことば 2

そんな考え、思いもつかなかった

会議の席上、人の意見をすぐ否定してかかる人がいる。

これでは、せっかく伸びかけた芽を摘むことになる。次から意見を言うのが憚《はばか》られる。

そこで「そんな考え、思いもつかなかった」と言われたら、自分の意見が認められたようで嬉しくなる。

自分目線だから、自分の意見が絶対と思っているから「ありえない」と口にしてしまう。

自分にない発想に謙虚な姿勢で耳を傾けたら「そんな考え、思いもつかなかった」ということばが出てくるはずだ。

武器ことば3

あんたアホやなぁ

〈アホ（阿保）〉

◆愚かな様子や行動、またその人。馬鹿と同じ意味で、人を罵る言葉となる。

◆「阿保」。関東など「馬鹿」をよく使う地域では、「阿保」は馬鹿よりも侮蔑的と受け取られがちだが、逆に関西など「阿保」をよく使う地域では、「馬鹿」は阿保より見下されて受け取られるようだ。

楽器ことば3

令和初のミスだね

文書作成した用紙をコピーしてから、平成を令和に直すのを忘れていた。それを指摘され「あんたアホやなぁ」と言われ少なからず傷ついた。

自分のことを棚上げにして人のミスを突くのはよろしくない。

そんな時は「令和初のミスだね」と言えば、笑いに包まれて失敗もどこへやら。

武器ことば４

いいかげん

〈いいかげん（いい加減）〉

◆いい加減とは、本来は「よい程度」「適度」という意味であった。
◆しかし、普段使われている内に、「いい」加減ではなくなり、「あまりよくない」加減の意味として使われるようになる。
◆「いい加減にしろよ」は「やめろ」ということになり、中途半端で手抜きの行為を肯定することになる。

楽器ことば 4

いい　かげん

何事もテキトーっていう人がいる。

「ま、いいんじゃないの」「そのうちなんとかなるさ」

そういう無責任に見える人に「いいかげんなヤツだ！」と言ってしまうと身も蓋もない。

「いい　かげん」と一文字スペースを入れるだけで、ずいぶん印象が変わる。

まさに加減を見計らいながらバランスを取りながら対処している人となり、すっかり責任を持って行動している人に変わる。

武器ことば5

いい年して

〈いい年して〉

◆「社会的常識をそなえ、分別ができていい年齢であるにもかかわらず」という意味。非難や諫める意味でつかわれることが多い。

◆「いい年」十分に分別ある年齢。相当な年輩者。

楽器ことば 5

人生豊か

思わず「いい年してこんなことしたらいけませんねー」と自嘲気味に言ったことがある。

その瞬間、84歳の塾生から「先生、それは人生豊かと言いましょうよ」とたしなめられた。

確かにその通りだ。

「人生豊か」がまくら言葉ならば、「こんなことしたらいけませんねー」とは続かない。

「人生豊かだからこそ出来ることですよねー」と年を重ねたことを肯定出来る。

武器ことば6

痛いのは生きてる証拠！

〈痛い〉

◆「痛い」のアレコレ。／肉体的に「歯が痛い」／精神的に「赤字で頭が痛い」／損害を被る「この出費は痛い」／見るに堪えない「見るのも痛々しい」

◆〈関連語〉「痛い目に合う」「痛いところを衝く」「痛くもない腹を探られる」

楽器ことば 6

痛いよね

ボクの母は、晩年、「痛い」「辛い」「しんどい」が口癖だった。顔を合わせるたびに言われるので耳タコだった。

ある時、あまりにも「痛い、痛い」を繰り返すので「痛いのは生きてる証拠！」と突き放した。瞬間、言われた方も言った方も凍り付いた。「アナウンサーなのに、ことば使いを知らない」と火に油を注いでしまい、ボクも謝ればいいのに、知らん顔。いくら親子だからといっても後味がすこぶる悪かった。

こんな時、同じことばを繰り返すだけでいいのだ。「痛いよね」と言えば、相手の気持ちに寄り添える。痛みを訴えた方も共感してもらえたと安心出来る。ちょっとしたことなのだ。

武器ことば７

一寸先は闇

〈一寸先は闇〉

◆昔は電気や街灯もないため、夜道は月夜でなければ、一寸（約３ｃｍ）先でも真っ暗闇で、何がそこにあるか全くわからないという状態だった。つまり、先のことは全く予測できない、見通せない、という意味。

楽器ことば 7

一寸先は光

マイナス志向の人は、いつも悪いことが起きると思い込んでいる。

「成功哲学」の提唱者、ナポレオン・ヒルによれば「思考は現実化する」という。悪いことが起きると思えば悪いことが起きる。

だから一寸先には闇が待ち構えている。

いいことが起きると思えば、いいことが起きる。

一寸先には光が差し込んでくる。

「一寸先は光」という見事な言い換えをしたのは、やなせたかしさん。

さすがは正義の味方アンパンマン生みの親！

武器ことば 8

イライラする

〈イライラ（苛々）〉

◆語源は、草木の刺（とげ）のことをさす「イラ」を重ねた言葉で、刺に突かれた時の痛みの刺激、さらには暑さなどによる不快な刺激をいうようになった。

◆自分の思い通りに進まないために、焦って神経が高ぶっているようす。

◆期待外れで心が落ち着かないようす。

楽器ことば 8

もどかしい

仲良しの相手の話が遅々として進まないので「イライラする！」と口走ってしまった。

いくら親しいとはいえ、言っていいことと悪いことがある。感情に任せて思慮もなく発してしまえば取り返しがつかない。

ことば磨き塾で考えたが、なかなか言い換えが見つからなかった。

まさに「もどかしい」時間が過ぎゆく。

「あ！　それだ！　もどかしいだ！」

これならお互いの気持ちを代弁出来る。イライラした気持ちもどこかへ飛んでいく。

武器ことば９

うっとおしい

〈うっとおしい（鬱陶しい）〉

◆心がふさいで晴れ晴れしない、気分が重苦しい。「長雨でうっとおしい」
◆邪魔になってうるさい、煩わしい。「目に腫物が出来てうっとおしい」
◆語源は「鬱陶」（うっとう）。類語は「忌まわしい」「厭わしい」。
◆大阪弁では「うっとい」と略す。ほかに「うっといな〜」も。

楽器ことば 9

セピア色の心

物思いに沈みやすい人、悩み事を抱えやすい人、マイナス感情が出やすい人、そんな人がいたら、確かに「うっとおしい」気持ちになる。

そうやってはねつけるのは、いとも容易《たやす》い。言われたら、よけい「うっとおしく」なる。

塾生の間で頭を悩ましながら考えあぐねていたら名案が飛び出した。

「セピア色の心をお持ちなんですね」

ネガティブワードがロマンチックワードに見事に変換された。

もの思いや悩み事やマイナス感情も、感性を育む上で大切なことに思えてくる。

武器ことば 10

うるさい！

〈うるさい〉

◆物音が大きくて邪魔でわずらわしいの意味。
◆「心」を意味する「うら」の母音交替形「うる」に、「狭い」を意味する形容詞「狭（さ）し」が付いた「うるさし」が語源で、何か刺激で心が乱れ、閉鎖状態になることを意味した。

楽器ことば10

すこし静かにしてもらえるかなぁ

電車の中で、子どもが騒いでいると「うるさい！」と言いたくなる。

これでは、「なんだと、うるさいのはそっちだ！」と売り言葉に買い言葉になりかねない。

実際に電車の中で目にしたのだが、騒いでいる子どもたちを見るにみかねた初老の紳士が立ち上がり、こう言ったのだ。

「君たち。少し静かにしてもらえるかなぁ」と。君たちがいい。

「おまえら！」とか「こら！」では火に油をそそぎかねない。

子どもといえど相手に敬意を払っている。「少し」を入れることで、やんわりした表現になる。

「静かにしろ！」という命令口調ではなく、「静かにしてもらえるかなぁ」という依頼調。実際「少し」静かになった。心の中で、紳士に拍手を送った。

武器ことば11

選り好みしている

〈選り好み〉

◆「えりごのみ」「よりごのみ」。読み方はどちらも正解。「選る」という字は「える」や「よる」さらに「すぐる」とも読む。

◆「選り好みが激しい」「選り好みしないで誰とでもつきあえる」などと使う。

楽器ことば11

こだわりがあるんだね

買い物に行っても、なかなかお目当ての商品が見つからず、あれこれ物色している人がいる。

レストランでメニュー見ながら、なかなか注文出来ないでいる人がいる。

そんな人に向かって「選り好みしている」と言うのは、自分中心的な考えではないだろうか。

相手目線で考えたら、自分のこだわりがあって、自分の好みが見つからないのかもしれないのだから。

ちなみに、ボクは大の卵料理好きだが、卵なら何でもいいというわけでなく、こだわりを持って選んでいる。

武器ことば12

おしまい！

〈おしまい（お終い）〉

◆物事がおわること。おわり、終局。
◆物事がダメになること。
◆売り切れて品切れ（仕舞い）。「お仕舞い」（女性が化粧すること）。

楽器ことば12

また、こんどね

楽しく語らっていたのに、一方的に「はい、おしまい」と言われたら、今までの楽しい時間が吹き飛ぶ思いがする。

「また、こんどね」なら余韻を残しながら次回に楽しみが繋がる。

ボクも番組のエンディングで「おしまい」とか「さようなら」は言わなかった。

「また、来週」とか「このあともいいことがいっぱいありますように」と言って、次に繋がるような表現をしていた。

武器ことば13

おっちょこちょい

〈おっちょこちょい〉

◆落ち着いて考えず軽々しく行動すること。またその様子や人物。慌て者、そそっかしい。

◆語源は「おっ」「ちょこ」「ちょい」の三語を組み合わせたことば。「おっ」はびっくりした時に発する。「ちょこ」はちょこちょこ動き回る。「ちょい」は簡単、少ない。

楽器ことば13

楽しい人だね　好奇心旺盛だね

小学生の時、「落ち着きがない」とか「おっちょこちょい」とよく言われていた。なんだか嬉しくなかった。

確かにちょこまか動き回り、落ち着きがない少年だったとは思う。

でもレッテルを貼られたようで嫌だった。

「楽しい人だね」「いろんなことに興味が湧くんだね」と言ってもらえたら、得意顔になっていたに違いない。

武器ことば14

お荷物だ

〈お荷物　（おにもつ）〉

◆じゃまになったり、負担になったりする人や物。手足まといの厄介者。
◆持ち主を敬ってその荷物を指して言う言葉。「そのお荷物お持ちします」
◆義理がからんで仕方なく引き受けたもの。「とんだお荷物だな」
◆娘が嫁入りする時にすでに不義の子を宿していること。「オミヤゲ（お土産）」

楽器ことば14

もっとうまくなれるはずだよ

「お前は会社のお荷物だ！」そんな暴言を吐く人がいることに驚いた。ちなみに「吐」には＋−があるが、「叶」は＋だけ。プラスことばだけ口にしていると夢は叶う。なのに、こんなことばを吐かれたら叶うものも叶わなくなる。

実はこのことばを言われた青年は、会社を辞めた。その彼にどういう言われ方だったらよかったのかと尋ねたら「もっとうまくなれるはずだよ」と言われていたら辞めなかったかもと答えてくれた。

武器ことば15

（自分に）おばさん　だから

〈おばさん〉

◆「おばさん」と「おねえさん」。その境界線は何歳ころ？ 女性の過半数は「30代」、特に35歳以降で「アラサー」という言葉のイメージが「もう若くない」。

◆男性側は「40代」。言わく「本人もおねえさんと呼ばれるとつらいだろうね」。

楽器ことば15

ちょっとお姉さん　だから

おばさんっていくつから？　男女で認識の違いがあるかもしれないが…。兄弟姉妹の子どもから「おばさん」と言われるならまだしも、自嘲気味に自分に言ってしまう人がいる。

「おばさん」と口にすると老け込んだ気になると言いつつ、「ちょっとお姉さんだからと言えばいいのか」と自己解決。

か行

武器ことば16

頑固

〈頑固（がんこ）〉

◆かたくなで、なかなか自分の態度や考えを改めようとしないこと。「頑固おやじ」

◆とり付いて簡単には離れようとしないこと。「がんこな汚れ」

◆〈類語〉「意固地」（人の話を聞かず自分の考えに強いこだわりを持っていること、または人）その他「強情」「強硬」「頑固一徹」

楽器ことば16

一徹ですね

自分の意見を曲げない人。ものわかりの悪い人。なかなか納得してくれない人。

総じて「頑固」と呼ぶ。

頑固者は、梃子でも動かない。頑固と言われたら、余計に頑固になる。

だから「一徹ですね」と言えば、筋を通す、曲がったことは許せない人というイメージになり評価も一変する。

武器ことば 17

聞いてないの！

〈聞いてない〉

◆〈聞く〉のことわざ／「一を聞いて十を知る」（頭の回転が速く理解力がある）／「聞いて極楽見て地獄」（話に聞くのと実際に見るのでは大差がある）

◆「話し上手は聞き上手」と思えば「話し上手の聞き下手」ということもある。「聞くはいっときの恥聞かぬは一生の恥」、年はとってもいつも謙虚でありたいもの。

楽器ことば17

耳が日曜なの？

年齢を重ねるとともに、何度も言われたはずなのに、初耳のようなリアクションをしてしまうと「聞いてないの！」となじられる。

確かにそうなのだが、そう言われたら返すことばもない。

そこでユーモラスな言い換え。

「耳が日曜なの？」はお見事。

これなら「その通り。いやあ毎日が日曜なんだ」とユーモアで返すことも出来る。

武器ことば18

消え失せろ！

〈消え失せる〉

◆存在していたものがなくなる、わからなくなる。
◆死ぬ。
◆「消えろ＋失せろ」。すっかり消える、完全に消える、跡形もなく消える。「消える」うえに、「失せろ」なくなれ、と卑しめながら言われてしまうと救いようがない。

楽器ことば18

成長して戻って来い！

「消え失せろ！」

これは完全にパワハラだ。ヤクザ映画のセリフみたいだ。

だが、実際に新人時代の上司に言われたそうだ。この一言をきっかけに彼は会社を辞めた。

U25ことば磨き塾で彼に同情しながら考えた。

「成長して戻って来い！」なら、顔を洗って出直す感覚だ。

完膚なきまで、ことばでこきおろさず、入り込むすき間をつくるように出来ないものか。

武器ことば19

気がつかない

〈気がつかない（気が付かない）〉

◆気が回らない、物事を感じ取ることができない。感知しない。
◆注意が足りない、ミスをする、うかつ。「注意散漫」。
◆細かい配慮に欠ける、気が回らない、融通がきかない。「不器用」（反対語）「気が利く」。
◆細かいところまで注意が及ぶ。「しゃれている」「粋だ」。

楽器ことば19

おおらか

人の行動の先読みが出来て、よく気がつく人ばかりではない。むしろ、人に言われないと行動出来ない人の方が多いかもしれない。

そんな時、

「どうして気がつかないんだ！」と叱責するより、「おおらかだなぁ。こういう時は～するもんだよ」

と微笑みを浮かべながら指摘すれば、腹を立たせたり、イライラしたりすることがなくなる。

自分の尺度だけでものをみないようにすることだ。

武器ことば 20

期待してない

〈期待〉

◆あることが実現するだろうと望みつつ待つこと。当てにして待つこと。「今後の活躍を期待する」

◆過去のデータを基に理論的に想定すること。「期待値」。

◆「期待」していたのに、なんだ「期待外れ」と言われてしまうよりは「期待を裏切る」ほうがすくわれる。

楽器ことば20

期待を裏切ってね

「期待してない」

にべもないことばだ。身も蓋もない。膨らみかけた希望が萎んでしまう。立ち上がれない。

それだけ人にダメージを与えてしまうことばだ。

「期待」は裏切るためにある。

期待以上の働きをすればいいのだ。

「期待を裏切ってね」と笑顔で言えば、発奮材料になること請け合い。

武器ことば21

来たら後悔する

〈後悔（こうかい）〉

◆自分のしてしまったことを、後になって失敗だったと悔やむこと。
◆「後悔先に立たず」（すんだことを悔いても取り返しがつかない）、（事をする前に熟慮することが大切だという意味）。
◆「お悔み言」（後悔し残念がっていう言葉）「弔辞」（人の死を惜しんでいう言葉。
◆「後悔」の言葉には「生き方の後悔」と「人生全体の後悔」があるという。

楽器ことば21

今は来ないでね

自治体のトップの言い方ひとつで印象が変わる。

コロナウイルスの感染拡大防止のため、大型連休中、帰省や旅行の自粛を求める呼びかけが行われた。

その中で、高速道路のパーキングエリアで検温し「マズイところに来てしまったと後悔してもらえばいい」と強い調子で言った知事発言は炎上した。

一方で「会いたいからこそ、今は会わないようにしませんか。それが収束を早めます」と訴えた県には、「素敵なメッセージが心に響いた」と賛意が寄せられた。

非常時こそ、とっさのひとことが問われる。

武器ことば22

厳しい状況だ

〈厳しい〉

◆厳格で少しのゆるみも辞さないようす。「練習が厳しい」
◆困難が多く大変なようす。「生活が厳しい」／自然現象で傾斜が急である。「この先は厳しい山道」／自然現象が激しい、ひどい。「寒さが厳しい」
◆状況が緊張している。「厳しい両国の関係」／密であること。

楽器ことば22

面白がる状況だ

コロナウイルスで休業を余儀なくされたレストランのシェフが眉間に皺を寄せながら「厳しい状況だ」と言った。

その言葉がウイルスのように蔓延すると、みんなが苦しくなる。

そんな時ほど「にもかかわらず」笑えばいい。

お試しごとだと思って、この難局を乗り超えることを面白がればいい。

「面白がる状況だ」とリーダーが言えば、眉間の皺は消える。

武器ことば23

距離がある

〈距離がある〉

◆集団の中で他人との関係が良好でない「仲間に入れない」。
◆心に隔たりがあって打ち解けられない「一線を画す」。
◆物ごと同士であっても性質に差がある「ギャップがある」。

楽器ことば23

ほどよい間合いがある

親しい相手から、一方的に
「私たちの間に、最近、距離があるように思う」
と言われてしまい、ショックを受けた人がいた。
軽く言ったつもりが重く受け止められてしまうことがある。
付かず離れずの距離感なら心地いいはずだ。
「ほどよい間合いがある」なら、佳き案配の「いい関係性」が保てそうだ。

武器ことば24

空気が読めない

〈空気を読む〉

◆「その場」の雰囲気を察すること。「場の空気」とは日本社会の通念上、その場やその時の雰囲気を表すことば。

◆暗黙のうちに要求されていることを把握して行動すること「顔色をうかがう」

楽器ことば24

個性的だね

「KY」ということばが流行ったことがある。K（空気）Y（読めない）の略語だ。

確かに周りに合わせられない。団体行動が苦手。会話に横入りする。自分の好きなことに没頭すると、話しかけても気づかない。

そういう人は、足並み揃えることを良しとする日本では、浮いてしまいがち。

でも考え方次第では、付和雷同ではない。人に流されない。自分を確立しているということになる。

つまりは「個性的」だということだ。

武器ことば25

くそばばあ

〈くそ〉

◆くそ（糞）は排泄物を意味する。他人を卑しめ、ののしる意味もある。

〈ばばあ・ババア〉

◆主に成人女性、特に高齢女性に対する侮辱した呼称。

楽器ことば25

元　乙女

孫に「くそばばあ」と言われてショックだという女性。なにか注意した時に、孫の虫の居どころが悪かったのか、暴言を吐かれたそうだ。

宝塚ことば磨き塾の参加者は、ご年輩の方が多い。みんな親身になって考えた。その結果、名案が浮かんだ。

さすが宝塚乙女の地。

「元乙女がいいんじゃない?」みんな大爆笑大拍手。

ユーモアもあるからステキな言い換え。さしずめ「くそじじい」も「元青年」かな。

ちなみに「ばばあ」も「ばあば」、「じじい」も「じいじ」なら可愛い。

武器ことば26

愚図

〈愚図（ぐず）〉

◆はきはきしないで動作や決断がにぶいこと、またそのような人や様子。「愚図」は当て字「愚かな図」。「愚挙」「愚妻」「愚痴」「愚問」。

◆「愚者も一得」（愚か者でも時には役立つ知恵を発揮する）「愚公山を移す」（どんな困難でも努力をすればやがては成就する）。

楽器ことば26

おっとりしてるね

面と向かって「愚図」呼ばわりする人がいることに驚いた。差別用語に近い。

今ならパワハラものだ。言い換えるのも切ない話だが、「おっとりしているね」としてみた。

言い方一つで、居丈高《いたけだか》な上司が、穏やかで優しい上司に早変わりした。武器ことばは短いことばが多い。考えもせず無意識に使うからだ。命令口調にもなる。

楽器ことばは、意識してことば選びするから、少し長めになるが、おのずと優しい口調になる。

武器ことば27

口ばっかり！

〈口ばっかり〉

◆〈同意語〉「口だけ」（言葉だけが上手で実際の行動が伴っていない）「口だけ番長」／「口先」（本心でないうわべだけの言葉、ただ言っているだけの言い方）

◆〈口先〉「口先だけの約束」「口先で人を言いくるめる」

◆「口弁慶」（口先だけで行動の伴わない人のこと）

楽器ことば27

有言実行だよ

口先だけで行動が伴わない人がいる。

よく「風呂屋の釜」と言う。

「ゆーばっかり」、つまり言うだけで何もしない人の例えだ。

そんな人に「口ばっかり!」とそれこそ口先だけで批判せず、明るい口調で「有言実行だよ」と言えば、言うだけでなく「ちゃんとやってね」という願いが伝わるような気がする。

相手を促し相手をその気にさせることばを使うようにするといい。

武器ことば28

血管が老化している

〈血管の老化〉

◆冗談でも言ってほしくない言葉

◆医学的な話。血管の壁が厚くなり、さらに硬くなって柔軟性がなくなり、血液の通り道が狭くなる。全身に酸素と栄養を送る大事な役割をもつ血管なので、老化すると肩こり、腰痛、冷えなどが起こりやすくなる。さらに怖いのは「心筋梗塞」や「脳梗塞」などのリスクが高くなる。

楽器ことば28

血管が繊細なのね

これまたビックリ。

採血をする人に、なかなか注射針が入らないので「血管が老化している」と言われたそうだ。

自分の技量を棚に上げて、言うに事欠いて。

これでは、よけい血管も縮こまる。

「あらあ、血管が繊細なのね」と笑顔で言いながら、やさしく針の入る場所を探してもらえたら安心する。

武器ことば29

ケチケチしている

〈ケチケチ（する）〉

◆わずかなお金や物をも出し惜しむ。／細かいことを口やかましく言うこと。

◆〈ケチ〉金銭や品物を惜しんで出さないこと、そのような人。

◆〈関連語〉「吝嗇家」（りんしょくか）「守銭奴」（しゅせんど）

◆貧弱で取るに足らないこと。「ケチな商売」／気持ちがせまいこと。「ケチな考えだ」。／不吉な事。「ケチが付く」

楽器ことば29

どんなことも大切にしている

どんな時も金払いのいい人がいる。

ふだんは節約していてドーンと使う時は使う人もいる。一円単位で細かい勘定にこだわる人もいる。

金銭感覚はまちまちだ。

だから表面的なことだけ見て「ケチケチしている」などと言わず、「どんなことも大切にしている」

と言えば、その人の生き方を評価し、その人の株が上がることになる。

武器ことば30

決行する

〈決行〉

◆予定通りに思い切って実行すること。どんなことがあっても行うこと。

◆「雨天決行」「脱出決行」「ストライキ決行」

◆〈類語〉「敢行」（あえて押し切って行う）「断行」（反対を押し切って行う）「強行」（無理を押し切って強引に行う）など。

楽器ことば30

ふだん通り

コロナウイルスで、イベントや講座の中止が相次いでいた時。
非常時、隔離、撃退…攻撃的な戦争中のような言葉が溢れた。
心がざわつく言葉ばかりだった。
そんな時「きょうの講座は決行ですか?」と質問された。決行とは、
無理矢理するみたい。穏やかでない。
そこでボクは「ふだん通りですよ」と答えた。
「決行」には笑顔がないが、「ふだん通り」には微笑みがある。

武器ことば31

声がでかい

〈声がでかい人の特徴〉

◆耳が悪い／自己顕示欲が強い／相手に伝えるためにわざと声を大きくする／相手を威嚇しようとする／自分を目立たせようとする／生まれつきで自覚がない

楽器ことば31

よく通る声だね

喫茶店で話している時、隣の人の声が大きくて気になってしかたないことがある。そんな時感情のまま「声がでかい」というと非難することになる。

「よく通る声」と言われると、「声」そのものを評価してもらったような気になる。

「ハキハキしているね」と言われても嬉しくなる。

ちなみに「態度がでかい」も「自分を持ってるね」と言い換えたら、態度も気にならなくなる。

武器ことば32

こまかい

〈こまかい（細かい）〉

◆一つひとつの形が非常に小さいこと／金高が小さい／動きは小さい

◆詳しい／細部に行きわたっている、行き届いている／取るに足りない「些細」（ささい）／金銭にうるさい／「囲碁」、勝敗の形成が微妙。

◆〈類語〉「微細」「些細」「精密」「緻密」

楽器ことば32

緻密

大雑把な人もいれば細かい人もいる。ボクの母が重箱の隅をつつく細かい人だった。あれこれ古いことをいつまでも覚えている。

ラジオを聞いていて間違いがあると黙っていられず放送局に電話した。

家計簿も一円単位の勘定が合わないことが気になって仕方ない人だった。

「こまかいなぁ」と何度も思い、何度も言った。

それを「緻密」と言っておけば、「性格」が「才覚」になったのにと後悔している。

「よく気がつくね」と置き換えてもいい。

さ行

武器ことば33

最低

〈最低〉

◆主観的に評価を下した場合に、程度が悪く、良くない、と思われるものに対していう。類似語に、「最悪」「極悪」(ごくあく)。

◆高さ・位置・程度などがいちばんひくいこと「最低気温」

楽器ことば33

あとは上がるだけ

試験の成績がイマイチだった子どもに、親が「最低ね！」と口走ったら、落ち込みに拍車がかかる。

自分だって、目を覆うような点数とったことがあるくせに記憶の彼方に押しやっている。

学生たちのことば磨き塾で名案が出た。

「ここまで落ち込んだんだから、あとは上がるだけだね」

こう言われただけで前向きになれる。

「最悪」という言い方も「あとは良くなるだけ」と言われたら、前途が見えてくる。

武器ことば34

残念な人です

〈残念（ざんねん）〉

◆もの足りなく感じること。
◆悔しく思うこと。
◆単に良くない状態。
◆『残念な人の思考法』によれば、「残念な人」とは、能力もやる気もあるのに「何かが間違っている」ために、結果がいまひとつになってしまう、「もったいない人」のこと。

楽器ことば34

99点の人です

『ざんねんないきもの』というタイトルの本がベストセラーになったせいかどうかわからないが、最近の大学生の間で「残念な人です」という言い方があるとか。

これまた気勢を削ぐ表現だ。

U25で考えたところ「99点の人です」という妙案が出た。

わずか1点足りないだけで、ちょっぴり残念というニュアンス。

これなら100満点よりいいかも。

武器ことば35

自分勝手

〈自分勝手（じぶんかって）〉

◆他人のことは考えず、自分の都合だけを考えること。「身勝手」「手前勝手」。

〈自分勝手な人の心理〉本当は淋しがり屋／自分が大好き／相手の反応を見る／本音を隠さない／自分が相手より優位に立ちたい

楽器ことば35

自分流

何でも自分で決めてしまう。人の会話に〝横入り〟して主導権を握ってしまう。そんな自分勝手な振る舞いをする人は、どこにでもいる。そんな人に対して「なにごとも自分流」と言い方を変えてみると、眉をひそめるまでもないかなという気になる。

マイペースともニュアンスが違う。

自分の流儀がある人となれば、印象度アップ。風向きも変わってこようというもの。

ちなみに「自己中」も「自分を大切にしている人」に、「出しゃばり」な人も「気が利く人」にすればイメージアップだ。

武器ことば36

しつこい

〈しつこい（執拗い）〉

◆一つのことに執着してはなれようとしない。「執念深い」。

◆味、香り色などが濃厚なこと。「執拗い」と書き元々は「執拗」という言葉を基にしている造語。「粘り強くしつこい」「主張を曲げない」という意味。

楽器ことば36

辛抱強い

「しつこい」ということばに、いいニュアンスはない。執念深い。執着している。まとわりつく。諦めが悪い。

だから言われたら、人にそんな風に思われていたのかと落ち込む。

これを「辛抱強い」と言われたら、評価度がグンとアップする。

まとわりつくようなネットリした感じから、我慢して頑張れるだけ頑張るコシの強さがアピール出来る。

辛抱とは「辛さを抱く」と書く。素晴らしい境地だ。

武器ことば37

邪魔！

〈邪魔（じゃま）〉

◆妨げること。また、妨げになる物やその様子。詰問すること。

◆「仏語」では、仏教修行の妨げをする悪魔をさす。邪気、邪道、邪心など「邪」の魔物。

◆「邪魔くさい」（めんどうだ）「邪魔が入る」（妨下が起こる）「お邪魔します」（訪問の際に掛ける断りの挨拶）。

ちょっとごめんね

咄嗟の時に「邪魔!」と言ったほうが早いかもしれない。でも、それでは、いきなり扉をバタンと閉められたようなもの。

その言葉が刺さる。

咄嗟の時は短い言葉をバシッと言った方が効き目はあるかもしれないが、「邪魔!」と言っても「そこは危ないよ」と言っても一、二秒しか変わらない。

ならば釘を刺すような言い方はやめて、オブラートに包みながら諭した方がいい。「気をつけてね」が加わると、さらにソフトだ。

ちなみに、幼い頃の信夫クンは、ハイキングに行った時、道に生えている雑草をじゃまにせず、「ちょっとごめんね」と言いながら、足で踏みつけないようにして歩いていた優しい少年だったそうだ。

プチ自慢お許しあれ。

武器ことば38

しゃべるのがへたくそ

〈しゃべる（喋る）〉

◆ものを言う、話す。「あの方はひと言もしゃべらない」

◆口数多く話す。「あの人はよくしゃべる人だ」（同意語）言う、話す、語る、述べる。

◆〈おしゃべり〉口数が多い、口が軽い、そのような人。

◆「沈思すること少なければしゃべることが多い」（モンテスキュー）

楽器ことば38

ゆっくりことばを選んで話すんだね

話し方も千差万別。いろんな話し方がある。車の運転と同じだ。スピード出すのが好きな人、ゆっくり法定速度で走る人、すぐにブレーキを踏む慎重派。

話し方も、早口もいれば、ゆっくり話す人もいるし、考え考え話す人もいる。

なかなかことばが出てこない人に向かって「しゃべるのがへたくそ」なんて言ったら相手は、ますます、ことばが出てこなくなる。

「ゆっくりことばを選んで話すんだね」なら、気にせず話せそう。

逆に「しゃべり過ぎ」は「饒舌」に置き換えたらいい。

武器ことば39

しょうがない

〈しょうがない（仕様がない）〉

◆やり方や方法がなく、なすすべがない。「この有り様、どうしようもないね」

◆他に良い方法がない。「やむを得ない」

◆あきれるほどひどい、手に負えない。「しょうがない状況だ」

◆〈語源〉「し」＋「よう」＋「が」＋「ない」。すべき方法がない。

楽器ことば39

○○さんだから特別だよ

頼みごとをして、何らかの理由で「しょうがない」と断られてしまう。そう言われたら「どうしようもない」

ボクなら、「生姜は冷蔵庫にあるよ」みたいなシャレでお返しするが、それは冗談として、「○○さんだから特別だよ」と言ってもらえたら、どんなに嬉しいか。

常に活路を見い出すにはどうしたらいいかという発想を身につけておくと、嬉しいことばが出やすい。

武器ことば40

正直に話し過ぎる

〈正直（しょうじき）〉

◆嘘や偽りのないこと。
◆素直なようす、本当のところ。
◆「正直の頭に神宿る」（正直な人には必ず神のご加護がある）
◆「三度目の正直」（三度目なら確実、二度の失敗のあとに成功する）
◆「正直者が馬鹿を見る」（ズル賢い者は上手くやるが、正直な者は規則を守るのでかえって損をすることが多い）

楽器ことば40

素直に話せていいね

正直な人のどこが悪いのかと思うが、あまりに屈託なく裏表なく話す人がまぶしい存在なのだろうか。

「なんでも正直に話し過ぎるんだよ」と、まぶしさを避けるように上から目線で言っている感じがある。

「素直に話せていいね」

と言えば、まぶしい思いでいることを隠すこともなく、うらやましい思いをそれこそ素直に出せている感じがある。

武器ことば41

ずぼら

〈ずぼら〉

◆行いや態度にしまりがなく、だらしのないこと。きちんとしていないこと。

◆近世上方の方言で「ずんべらぼん」「ずんぼらぼん」などといい、凸凹（でこぼこ）や突き出した部分がなく、「つるつるなさま」を表した言葉が語源とされている。

楽器ことば41

ずぼら〜

整理整頓苦手。時間管理苦手。

そんな人に「ずぼら」と言っても「あ、そう」って感じ。

そんな時には、ユーモアにくるんで「ずぼら〜」と語尾を伸ばしてみたらいかが？　そうするとお互い可笑しくなる。

嬉しくないことばの変換がうまく出来ない時の「奥の手」としては、語尾伸ばしがある。

もう一つ、ワンニャンことばをつける手もある。

「ずぼらだワン」「ずぼらニャン」ってなぐあい。ただし、これはあくまで「奥の手」

武器ことば42

ずるい！

〈ずるい（狡い）〉

◆利益のためにごまかしてうまく立ち回る。「狡猾」（こうかつ）

◆けち、ふしだら、身持ちがわるい。

◆〈類似語〉「悪賢い」「こすっからい」

◆〈ずるい〉と〈こすい〉。「ずるい」は自分を有利にするためにごまかしたり騙したりすること。「こすい」はより悪賢く自分が有利になるために立ち回ること。「こすっからい」

楽器ことば42

うらやましい

地域活動に熱心に取り組んでいた女性が、同じ活動グループの女性から言われた。「あなたはずるい！」

太陽のような明るい笑顔の女性の顔もさすがに曇った。なんでもテキパキやってしまわれると、自分は置いてきぼり…そんな感情が積もり積もって、つい本音を漏らしてしまったのだろう。

だったらもっと素直に「うらやましい」と言えばよかったのに。

ずるいと言ってしまったら、私はあなたのように出来ないと〝僻《ひが》み〟に聞こえる。

うらやましいだと、私もあなたみたいになれたらいいなと〝願望〟になる。

武器ことば43

そんなはずがない！

〈そんなはずがない〉

◆当初の予想に反する結果になった事を落胆の気持ちを込めて言う場合に使われる。

◆「はづ」（筈）。「矢筈」（やはず）は、矢の末端の弦を受けるくぼみ。矢の筈は弓の弦と当然合致するので、そこで、「はづ」（筈）とは、当然一致することを指すことばになる。

楽器ことば43

そんなこともあるんですね

断定、決めつけは嬉しくないことばになる。

「そんなはずはない！」

こう頭ごなしに言う人がいる。自分には間違いがあろうはずがないと思い込んでいる人は困ったものだ。

まだまだ自分の知らないことがあって、それを知った喜びを、

「そんなこともあるんですね」

と素直に表現したらいい。

た

行

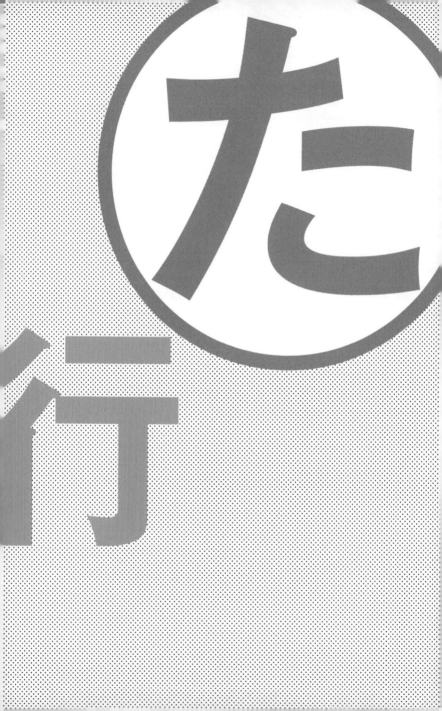

武器ことば44

大往生でしたね

〈大往生（だいおうじょう）〉

◆少しの苦しみもなく安らかに死ぬこと。立派な死に方。「大往生を遂げる」

◆「往生」とは仏教用語で「現世を去って仏の浄土に生まれること。極楽浄土に往って生まれ変わること」。

◆「大往生」と言う言葉は身内以外で使用すると失礼になる。「天寿を全うする」「お悔み申し上げる」が正しい。

楽器ことば 44

よく頑張られましたね

ご高齢の方が闘病の末、亡くなり、医師は遺族に何の悪気もなく、

「大往生でしたね」

と言った。

だが、大切な家族を亡くしたばかりの時、気休めを言われたくなかった。

良かれと思って言ったことでも、知らず知らずのうちに人を傷つけてしまうことがある。

「よく頑張られましたね」

なら、遺族に寄り添う言葉になる。

武器ことば45

大変

〈大変〉

◆「大変」とは。

大きな変事「国家の大変」／大きな出来事「大変な事件／物事が重大であること「大変な被害」／変化がはなはだしいこと「七変化」／苦労などが並々でないこと「大変な目にあう」

楽器ことば45

大きく変わる

「大変」「大変」と口に出して言ってみて！

なんだか大変でなくても大変なような気がしてくる。発する言語は現実化する。

「大きく変わる」と口に出して言ってみて！

なんだか出来そうもなかったことが出来るような気になってくる。

「大変なこと」は起きずに「大きく変わる」ことが起きて、一段と人間として成長出来そうだ。

武器ことば46

駄目

〈駄目（だめ）〉

◆よくない状態にあること「もう駄目らしい」／効果がないこと「駄目でもともと」／不可能「これ以上早めるのは駄目だ」／してはいけない事「ここではタバコは駄目」

◆演劇などでは、演技など悪い点についての注意「駄目出し」

楽器ことば46

失敗は成功のもと　次はよくなる

何かといえば「駄目」が口癖の人がいる。自分で自分に「駄目出し」したら、うまくいくこともいかなくなってしまう。

囲碁用語に「駄目」というのがある。囲碁はマス目の数の多い少ないを争う。打っても意味のない目を作らないように、目を無駄にしないようにするゲームだ。

「駄目」は、勝負のかけひき上、必要な存在なのだ。

相手が打ってもしかたない「駄目」を効果的につくれば、「自分が生きる目」になる。

有意義な無駄とでもいおうか。最初から「駄目」と諦めたら「駄目」だから失敗は成功のもと。次よくなるためのもの。

武器ことば47

つかみどころがない

〈つかみどころ（掴み所）〉

◆理解したり判断したりするための手がかりとなるところ。相手や物事の本質がはっきりとわからない様子。

◆その対象が人であれば「つかみどころのない人」。似た表現として、「謎めいた」「あやふや」「意味不明」「ミステリアス」など。

楽器ことば47

神秘的ですね

何を考えているかわからない。言動や行動が謎だ。そんな「つかみどころのない」人はいる。だが、そう言うと、そのまんまだ。

つかみどころがないということは、この先どんな展開になるか楽しみがあるということだ。

わからないということは、面白いということだ。

だから「神秘的ですね」と言ったら、その人の内面を探検に行くような気分になる。

武器ことば48

疲れてない？

〈疲れ〉

◆「疲れ」は「疲労」とも呼びますが、医学的には、「疲労とは過度の肉体的および精神的活動、または疾病によって生じた独特の不快感と休養の願望を伴う身体の活動能力の減退状態である」（日本疲労学会）

◆心身の活動を抑制することで身体を守ろうとする状態ということになる。

楽器ことば48

調子どう？

とかく人は詮索するように出来ているようだ。

「いい血色だね」と言われるならまだしも「顔色悪いよ」なんて口にする人もいる。

「疲れてるみたいだね」と決めつけてほしくない。そう言われたら、ほんとに疲れてきそうだ。

単純に「調子どう？」と聞いてもらえたら
「バッチリ！」「いまいち」と調子に応じてリアクション出来る。

武器ことば49

で!?

〈で（ての濁音）〉

◆前の話を受けて、次の話を引き出す。「それで」「で、どうしますか」
◆そういうわけで、それで。
◆相手の話を促すときに使う。「で、どうしました」
◆〈語源〉「そこで」「それで」などの「そこ」「それ」が省略され「で」が自立語化したもの。

楽器ことば 49

だよね

なんだか嬉しいことがあって勢いこんで夫に話したのに、「で!?」と言われ小馬鹿にされたように聞こえて落ち込んだという人がいた。

日常会話でも、そういう言い方をする人がいる。

聞き返すでもなく、「で、その話どこが面白いの」的なリアクション。

話の腰を折ることば使い。

「だよね」と肯定的相槌を打てば、話の継穂《つぎほ》が見つかる。

もし仮に自分がそう思わなくても、いったんは肯定的に受けとめるのが相手に対する礼儀ではないだろうか。

武器ことば50

出来ないヤツだ！

〈出来ない（できない）〉

◆〈反対語〉出来る「出て来る」が変化。／出現する、発生する。「作物が出来る」／能力、可能。「あいつは出来る」／子ども。「出来ちゃった婚」。

楽器ことば50

いま力を蓄えているんだね

入社早々、頭ごなしに「出来ないヤツだ！」と言われたことがショックだと訴えた青年がいた。

入社したばかりなのだから出来ないのは当たり前。そこを出来るようにしていくのが先輩の役目なのに。

U25では、「いま力を蓄えているんだね」「どこが難しいのか言ってみてくれたら教えるよ」と言ってくれたら、心の扉が開けやすいのにという意見が出た。

こういう人は、いずれ心優しい上司になれそう。

武器ことば51

でぶ

〈でぶ〉

◆でぶ（デブ）の語源。「Double Chin」（二重あご）が「デブちん」となり「でぶ」になったという説。

◆江戸時代には「でっぷり」や「でぶでぶ」という言葉があり、「出っ張り」から派生したこの擬態語が「でぶ」の語源と考えられている。

楽器ことば51

体格がいいね

日本人は、容姿や体格のことを、とやかく言い過ぎだ。

ボクも同じ日に別々の人から「太ったね」と「痩せたね」と言われたことがある。勝手な思い込みで言うのやめてほしいという気になる。

ボクの馴染みのイタリアンのシェフ。味見のしすぎか恰幅がいい。よく「でぶ」と言われると少なからず傷つく。

「体格がいいねならまだいいんですけどね」と苦笑いしていた。

容姿や体格について言うのはやめたほうがいい。

武器ことば52

でも

〈でも〉

◆「それでも」の略。述べられた事柄に対して、その反論や弁解などするときに使う。（しかし）。

◆述べられた事柄に対して一応同意しながらも、結果として予想されることに反対の内容を導くときに使われる。（それでも）。

楽器ことば52

それ　いいね

なにかというと「でも」という口癖の人がいる。否定形で入ってしまうと、後ろ向きになり前に進まない。

千葉県の酒蔵のご主人の口癖は、「それ、いいね」

どんなことにも、「それ、いいね」

無限に感謝していれば、問題は起きない。

人が嬉しいと思うこと、自分が楽しいと思うこと、ありがたいと思えることをしていけばいい。

「いつでも素直に」「あくまで謙虚に」「すべてに感謝して」「ありのまま受け入れる」という姿勢でいれば、『陽転思考』が出来る。

武器ことば53

どうせ〜だから

〈どうせ〉

◆結果は明らかだと認めてしまう気持ち。あきらめや捨てばちな気持ちを表す。「所詮」（しょせん）。「どうせ試験には受からない」。
◆ある事態を受け入れるしかないのなら、むしろそれを積極的に利用すること。「どうせならもっと良いものを作ろう」

楽器ことば 53

〜だから出来る

それこそ発想の転換だ。

「どうせ〜だから」だと自己卑下になる。

「どうせ背が低いから」「どうせ成績悪いから」「どうせ次男だから」みたいなことばは聞いていても嬉しくない。

「背が低いからまだまだ伸びることが出来る」

「成績悪いから成績上げることが出来る」

「次男だから気が楽で自由に出来る」

なんだか人が変わったようになる。

武器ことば54

毒舌

〈毒舌（どくぜつ）〉

◆辛辣な悪口や皮肉を言うこと。「あの人は有名な毒舌家だ」「毒舌を吐く」

◆元々は「悪口」と同じような意味をもつ言葉だったが、現在では、心理を突いた皮肉やユーモアを交えた悪口などに替わり、周囲の人を納得させたり笑わせたりするような言葉となる。

楽器ことば54

ボキャブラリーが豊か

口を開けば、人のことを批判批評。こき下ろす。

よくそれだけ次から次に出ると思うほど毒舌を吐く人がいる。

面白いもので「嬉しくないことば」ほど連なって出てくる。

「嬉しいことば」はなかなか口から出てこない。

毒舌は聞いている方が辛くなる。毒舌家を褒めてみよう。

「舌の回転が早いねー」

「ボキャブラリーが豊かだねー」

さすれば、舌の毒の量も減少することだろう。

褒められると毒は吐きにくいものだ。

武器ことば55

年を取る

〈年を取る〉

◆年齢を加えること。老齢になること。同じような言葉に「年を食う」（あの人かなり年食っているね）「年を拾う」（年輪を重ねていく）など。

◆「年を取ると一年が速いねぇ！」とよく言われるが、一年が速く感じる理由は『ジャネの法則』という心理的現象によるらしい。

楽器ことば55

年を重ねる

階段を上がる時息が上がるようになった。夜中に何度も目覚めトイレに行く。こんな時、「年を取ったなあ」「年は取りたくないなあ」だんだん出来ていたことが出来なくなると、こういうつぶやきが、ついつい出てしまう。年を取るは、まさに「取る」、マイナス思考だ。年は取るものではなく、重ねるもの。いろんな経験が積み重なっていくものだ。これはプラス思考。

若い時出来ていたことが出来なくなることもあるが、反面出来なかったことが出来るようになることもある。

太陽に思わず手を合わせるとか、食べ物をゆっくり味わうとか、周囲に気配りするようになったとか…年の功は幾つもある。

武器ことば56

とろい

〈とろい〉

◆にぶい、のろい。おろか。愚鈍「とろい奴」。
◆火などの勢いが弱い「火をとろくして」。
◆「とろい」は「遅い」ということを意味して「馬鹿」ということではない。「彼の仕事ぶりを見ているとちょっととろいな」。
◆頭の回転が遅いという意味で「彼はとろい」となると「馬鹿」の意味になってしまうことも。

楽器ことば56

やわらかい雰囲気だね

「とろい」とは、もともと火の燃え方を表した言葉で、「威勢よくボーボー」と燃えるのではなく、「弱火ですこしずつ」燃える状態をさす。

そこから、はっきりせず、動作や頭の働きが緩慢だという意味に使われるようになったようだ。

スローモーで、反応が鈍くて、間が抜けているところがあって、てきぱきしていない…。

でも、そんな人は、場の空気を和ませる「やわらかい雰囲気」を持っているともいえるのではないだろうか。

武器ことば57

どんくさい

〈どんくさい（鈍臭い）〉

◆「間が抜けている」「いかにものろい」などが同じ意味。

◆鈍臭いの「鈍」は文字通り「にぶい」「のろい」などの意味で、「臭い」は、臭いがするほか、「怪しい」「疑いがある」という事になる。

楽器ことば57

おっとりしているね

何をやってもテキパキ出来ない人がいる。そんな人を見ていると、ついつい「どんくさい」と言いたくなる気持ちもわかる。

だが言われた方は傷つく。言った方も後味がよくないはずだ。

そんな時「おっとりしているね」と言ってみよう。

とげとげしいことばがやわらかい響きに変わる。言われた方も自分を認められたような気持ちになる。

言う方も、イライラした気持ちが穏やかになる。

ちなみに、「段取り悪い」という言い方も、「準備に余念がない」と言い換えれば、角が立たない。

武器ことば58

とんちんかん

〈とんちんかん（頓珍漢）〉

◆物事の辻つまが合わなかったり、ちぐはぐになったりすること。とんちんかんな返事をする」

◆間抜けな言動をすること、それをする人をさす。「ばか者！このとんちんかんめ！」

◆〈関連語〉「辻つま」（一貫しているべき物事の道理）「阿吽」（あうん／事をなすときの微妙なタイミング、気持ちの一致を表す）。

楽器ことば58

愛嬌がある

鍛冶屋で、親方が鉄を打つ間に弟子が槌を入れるため、ずれて響く音の「トンチンカン」を模した擬音語。音が揃わないことから、ちぐはぐなことを意味するようになり、さらに間抜けを意味するようになった。

世の中には、言うこととやることとなすこと、何をやっても「とんちんかん」な人はいる。

でも、そういう人に限って愛すべき人が多い。愛嬌がある人が多い。

な行

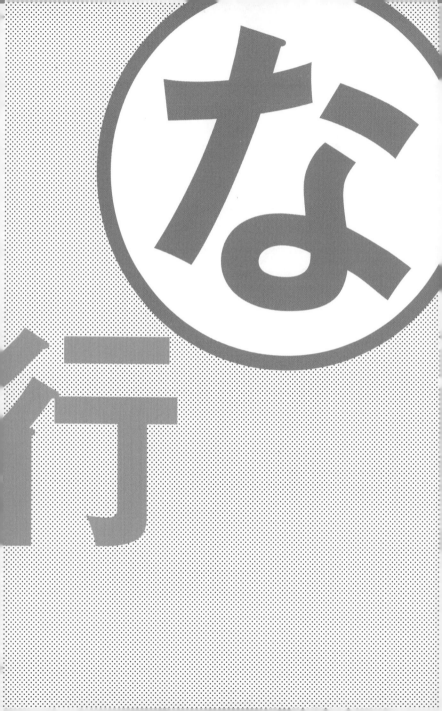

武器ことば59

にぶいやつだな

〈にぶい（鈍い）〉

◆切れ味が悪い「この包丁は切れがにぶい」／動きがのろい「客足がにぶい」／動作が機敏でない「運動神経がにぶい」／刺激する力が弱い「足ににぶい痛みがある」

◆〈反対語〉「鋭い」

◆〈類似語〉「鈍感」（感じ方が遅い）、「無神経」（他人の感情を気にかけない）

楽器ことば59

しょうがないやつだな

小学校の時、逆上がりが出来なくて、先生に「にぶいやつだ」と言われた人がいた。一生懸命しているのに水を差されてしまう。

そういう心ないことばはトラウマになる。誰にだって不得意はあるのだから、出来ないことをとやかく言うことはない。

苦笑いしながら「しょうがないやつだなぁ」と手を貸してあげたら、微笑ましい光景になるのに。

武器ことばとして登場した「しょうがない」も、使い方しだいで楽器ことばになる。

シチュエーションしだいで、語感や語調しだいで、ことばの受け止め方は変わることもある。

武器ことば60

飲んだくれ

〈飲んだくれ〉

◆大酒のみ。酒を飲みすぎて酔いつぶれた人。

◆〈飲んで＋たくる〉、「たくる」は動詞の下に付いて「荒々しく～する」「盛んに～する」という意味。よって〈飲んだくれ〉とは、酒を飲みすぎて頭の回転が鈍くなり、物ごとの判断ができなくなること、あるいは人物をさす。

楽器ことば60

酒豪ですね　高額納税者ですね

グビグビと酒を飲んだら止まらなくなる人を横目で見ていると、下戸の人から見たら眉間に皺を寄せたくなる。

だからといって「飲んだくれ」とののしるのはいかがなものか。

「酒豪ですね」と持ち上げるか、

「高額納税者ですね」とユーモアで包む。

ただ嫌味にならないよう、サラリと明るく言うようにした方がいい。

は行

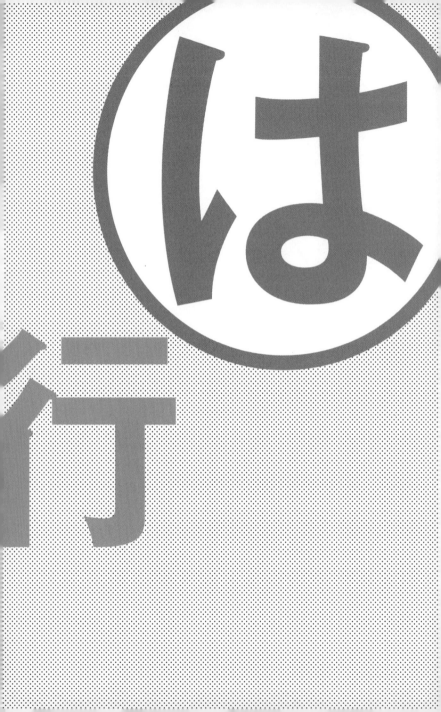

武器ことば61

排除

〈排除〉

◆いらないものを取り去ること。押しのけてそこから無くすこと。

◆意味の共通する類語に、「除去」（邪魔なお物を取り去る）「撤去」（建物など大きなものを取り去る）

楽器ことば61

このたびはご遠慮ください

とある政党が分裂騒ぎを起こした時、合併したいと申し出た人に、「排除」ということばを意識的に使い拒んだことがあった。

「排除」は、まさに開きかけた扉をピシャリと閉めてしまうきつい表現だ。

「このたびはご遠慮ください」

こう言えば、まだ扉の隙間が少し開いている感覚が残る。そうすれば路頭に迷う人も出なかっただろうと思う。

武器ことば62

八方美人

〈八方美人〉

◆八方とは、東西南北とその中間の方角を含めた8つの方角を意味し、「全ての方角」を表わす。

◆「どこから見ても美人」と思いがちだが、顔がきれいという意味ではなく、誰からも可愛がられる、モテる人をさす。ただし、その態度を批判的にとらえた表現にもなる。

楽器ことば62

十方美人

四方八方、誰かれなく愛想を振り撒き、世辞を言い、見境のない人。
「やーねー、あの人。みんなにいい顔するんだから！」とすこぶる評判が悪い。
どうせなら逆手にとって、八方どころか十方！
十方にも気が利く「十方美人」と言ってしまったらいかが？
八方美人よりツーランクアップしただけで、いやーなことばではなくなる。

武器ことば63

早くしなさい！

〈早くしなさい！〉

◆子どもに掛けてはいけない言葉ワーストワン。「はやく食べなさい！」「はやく支度しなさい！」「はやく寝なさい！」

◆親から「早く」「急いで」と一方的に言われても子どもには伝わらない。親のペースではなく子どものペースを考え、子どもが自分で考える習慣を作ることが大切。

楽器ことば63

早送りしようね

お母さんの口癖で最も多いのが「早くしなさい！」ではないだろうか。子どもの着替えが遅い、いつまでも宿題をしない、ゲームをやめない…。そんな時、金切り声とともに「早くしなさい！」「早くやめなさい！」と言われたら、子どもはうんざりだ。

そのうち、またかと思われて効果もなくなる。そんな時ビデオのように「早送りしようね」と言われたら、子どもも面白がるかもしれない。おかあさんのことば磨き塾での、見事な言い換え。

子どもへの叱咤には「！」がつくイメージがある。語調も強くなる。嬉しいことばの語尾に「ね」をつけると、押しつけがましさが消える。

武器ことば64

早とちり

〈早とちり〉

◆相手の言うことや書いてあることをきちんと最後まで確認しなかったため勝手な思い違いをしてしまったことを意味する。ただし相手に迷惑をかけるような事態ではない。

◆〈類語〉「早や合点」「早やのみ込み」「独り合点」

楽器ことば64

あわてんぼうさん

人の話を聞き終わらないうちに勝手に納得してしまう。

思い込みで頼まれた物と違うものを買ってきてしまう。

早とちり、早合点してしまう人に、そのままのことを言うより、

「あわてんぼうさんね」

と笑顔で言えば、決まりの悪そうな照れ笑いが返ってくることだろう。

武器ことば65

バカ

〈バカ（馬鹿／ばか）〉

◆愚かなこと、知能が劣る「大バカ者」「バカ野郎」。
◆社会常識に欠けるがある分野では秀でている「専門バカ」「役者バカ」「野球バカ」
◆肯定的に使われる「馬鹿正直」。常識的、理性的な判断が鈍る「親馬鹿」

楽器ことば65

教え甲斐がある

嬉しくないことばの代表格ともいえる「バカ」「バカ」を一度も言ったことも言われたこともない人は、おそらくいないだろう。

自分が言われて嫌だったことを忘れ、ついつい人にも言ってしまったことが、ボクにも多かれ少なかれある。

段取りがうまくいかなかった時メールで「バカ」と書かれ意気消沈した人がいた。

ある塾生から名案が出た。

「教え甲斐がある」と言い換えたらどうかと。なるほど！　と納得。感心。

武器ことば66

人がいいにも程がある

〈人がいい〉

◆気立てがいい、気がいい、人を疑わない、「お人好し」。

◆「人がいい」という言い方はほめ言葉でもあるが、少しネガティブな意味合いもある。「お人好し」、他人の言いなりになるといったマイナスの面がある。

◆「程がある」は程度問題だということ。

楽器ことば66

サービス精神旺盛だね

せっかく世話を焼いても、感謝されないどころか恩を仇で返すようなことをされて、「人がいいにも程がある」と、批判された人がいた。

そう断定されたら、よかれと思ってしたことが水の泡になってしまう。

「サービス精神旺盛だね」と言ってもらえたら、まだ救われる。

「今度からは、ちょっとサービス精神控え目にしなきゃ」という気持ちも湧く。

武器ことば67

振り回された

〈振り回す（ふりまわす）〉

◆手や手にもった物を大きく、乱暴に振り動かすこと。「棒を振り回す」

◆得意げに持ち出す、ひけらかす。「肩書を振り回すいやな上司」

◆人を思うままに動かす。「愛人に振り回される」

◆他人を振り回す人の特徴。「自分は悪くないと思い込んでいる」「あなたのためにと思い込んでいる」「やることなすことが言行不一致」

楽器ことば 67

あなたのことで頭がいっぱいになっちゃった

自分のペースで動く人がいる。
ことごとくペースが合わない人がいる。
そんな時「振り回された」と言えば、人間関係を損なう。
「あなたのことで頭がいっぱいになっちゃった」
と言えば、相手への想いが満ち溢れてくる。相手の性格に絆されて、
振り回されることを楽しむことが出来るかもしれない。
使うことば次第で、自分の気分も変わる。

武器ことば68

へたくそ

〈へたくそ（下手糞）〉

◆技術などが十分でなく作品などの出来が悪いこと。また、そのような人をけなして言う。

◆よく使われる言葉に「下手の横好き」（下手であるにもかかわらず、その物事が好きなこと）

楽器ことば68

まだまだ伸びしろがあるね

「へたくそ！」と言われた瞬間、カメの首みたいに、すっこんでしまう。せっかく伸びかけた芽をついばんでしまう。何しろ「下手」に「糞」だから品もない。だが、何度やっても同じ失敗を繰り返す相手に堪忍袋を切ってしまい、思わず口走るのだ。

相手の落ち込んだ顔を見てしまった！　と思っても、もう遅い。伸びかけた芽を見つけたらそこを指摘したらいいのだ。

「まだまだ伸びしろがあるね」と言われたら、やる気が湧く。

武器ことば69

放っておいて

〈放っておく〉

◆眼をつけず、打ち捨てておくこと／「放る」遠くに投げる、途中でやめる／変えないでそのままにする。世話を怠る。置き去りにする／考慮から外す「度外視」「聞き流す」

◆〈類語〉「放置」（ほうち）そのままにしてほうっておくこと。

楽器ことば69

自分の時間を大切にさせてね

一人にしておいてほしい。構ってほしくない時は誰にもある。

だからといって「放っておいて」とピシャリと言われたら、取り付く島もない。

触らぬ神にナントヤラになってしまう。

やさしくやわらかく「自分の時間を大切にさせてね」なら、そっとしておいてあげようという気になる。

「何もしなくていい」という言い方もにべもないが、「してほしい時に言うね」という提案型にしたらいい。

ま

行

武器ことば70

まずい！

〈まずい（不味い）〉

◆物音が大きくて邪魔でわずらわしいの意味。
◆味が悪い、うまくない。「料理がまずい」／「拙い」下手、つたない。「まずい絵だ」
◆醜い、みっともない。「拙い顔だ」／不都合だ。「話を聞かれるとまずい」
◆〈類似ことば〉不器用　不細工　不恰好

楽器ことば70

味がぼんやりしているね

料理が口に合わない時、思わず「まずい！」他人には言わないと思うが、長年連れ添った夫婦間では、遠慮会釈なく言いそうだ。

だが、いくら親しき仲とはいえ、一生懸命作った料理を言下に否定されたら凹む。

そこで名案！

「味がぼんやりしているね」

これなら「調味料が足りなかった」とか、「味見をし忘れた」とか謙虚な気持ちで返すことも出来る。

武器ことば71

密です

〈密（みつ）〉

◆すきまがないこと、ぎっしりと詰まっていること。「人出が密だ」
◆関係が深いこと、親しいこと。「連絡を密にする」
◆きめ細かいこと、細部にわたること。「密に調べる」
◆人に知られないようにする。「謀（はかりごと）は密をもって良しとする」（格言）。

楽器ことば71

距離エチケットをお願いします

親密とか連絡を密にするとか、これまで「密」といえばいい意味で使われてきた。

ところが、コロナウイルス騒ぎの中で、「密閉、密集、密接」という『三密』というワードまで飛び出し、「密」はよくないことの代名詞になってしまった。

ことばは、時代の流れの中で変化していく。

「密です」と丁寧語を使うことで、より距離感が出る。でも、いかにも命令口調で突き放した言い方が気になる。

「距離エチケットをお願いします」

と、それこそ丁寧に言ってほしい。

武器ことば72

無神経だね

〈**無神経（むしんけい）**〉

◆感覚が鈍いこと、感じ方が弱いこと。鈍感。「〜に無神経な人々」
◆恥や外聞、他人の気持ちを気にしないこと。「無神経な言葉」
◆「無神経な人」（文字通り周囲や人の気持ちを気にせず、自分本位の行動や発言をしてしまう人）

楽器ことば72

(ニコニコしながら)正直だね

本人はそのつもりではないのだが、人の心を逆なでするような言い方をする人がいる。

言わずもがなのことを言ってしまう人がいる。

「いま、ここでそれ言う?」みたいな人。悪気のない悪気って困りもの。無神経と言えば、それこそ無神経な仲間入り。

そこで「正直だねー」と言えば角が立たない。

ニコニコしながら言うのがミソ。真顔で言うと、嫌味になってしまう。

武器ことば73

目が死んでる

〈目が死んでいる〉

◆死人の目であるかのようにうつろで覇気がないようす。「死んでいる目」のほかにもいろいろな「目」がある。

◆「目は心の鏡」目にはその人の心の正邪が表れる／「目が堅い」夜がふけても眠くならない／「目が高い」良いものを見分ける能力がある／「目が行く」心が引かれて視線が向かう／「目の保養」美女を見て楽しむこと／「生き馬の目を抜く」すばしっこく人を出し抜いたり油断できない行為

楽器ことば73

ステキな目にしてあげる

メイクしている人に「目が死んでる」と言われた人がいた。

よくそんなことが言えたものだ。

いくら技術があろうとも、プロフェッショナルの風上にも置けない。

「疲れてるみたいだから、ステキな目にしてあげるね」

プロなら、相手も気持ちを上げることばを使うべきだろう。

武器ことば74

もう年ですから

〈年だから〉

◆「年」「歳」
◆「加齢」新年や誕生日を迎えて一歳年をとること。
◆生物が時間の経過に伴う衰退の過程。「エンジング」。
◆長寿の祝／61歳（還暦）、70歳（古希）、77歳（喜寿）、80歳（傘寿）、88歳（米寿）、90歳（卒寿）、99歳（白寿）、100歳（紀寿）

楽器ことば74

長い間お使いになってきた身体ですものね

医師の中には、高齢の患者に、

「もう年ですから」と何でも年もせいにしてしまう人がいる。

誰だって年を重ねるのに、そのせいにされては敵わない。

「長い間お使いになってきた身体ですものね。いろんな痛みや故障が出てきますよね」

と優しく応対してくれたら、薬の量も減るかもしれない。

や行

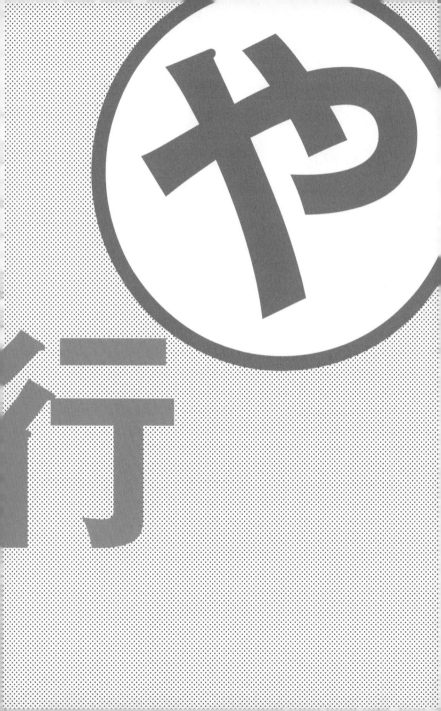

武器ことば75

要領が悪い

〈要領（ようりょう）〉

◆物事のいちばん大事な部分。「問題の要領が不明だ」

◆物事をうまく処理する方法。「要領よく勉強する」

◆「要領がいい」（手際がいい、立ち回りがうまい）「要領が悪い」（手際がわるい、立ち回りがへた）／「要領を得る」（要点が明確で筋道が立っている）／「要領を得ない」（要点がはっきりしない）

楽器ことば75

一歩一歩だね

「要領が悪いやつだ」

これも上司のセリフで、よく聞くパターン。確かに仕事の出来ない部下を持つと言いたくなる気持ちもわからなくはない。

だが、余裕とおおらかさを持って、怒りをグッとこらえ、「一歩一歩だね」と言ってもらえたら励みになる。

成長しない人間なんていないはずだ。その時間が早いか遅いかだけだ。

ちなみに「成長が遅い」も「成長に時間がかかる」「成長がゆっくり」と言えば、ニュアンスがずいぶん変わる。

ら行

武器ことば76

リセット

〈リセット（リセットする）〉

◆すべてを元にもどすこと、最初からやり直すこと。

◆機械や装置を、作動まえの初めの状態に強制的に戻すこと、起動し直すこと。

◆コンピュータなどの機械に対する用語なので、「人間関係をリセットする」は非人間的な扱いといえる。

楽器ことば76

ゼロからのスタート

「リセット」もシャッターを閉じることば。

ゲームではないのだから、人間関係に使うことばではないと思う。

チャラにするとか、なかったことにするという感覚は「自分ファースト」な考え方。

「相手ファースト」というか、一緒に仕切り直しする感覚なら、「ゼロからのスタート」と言ってほしい。

これなら、遮断されずに未来に道が繋がる。

わ行

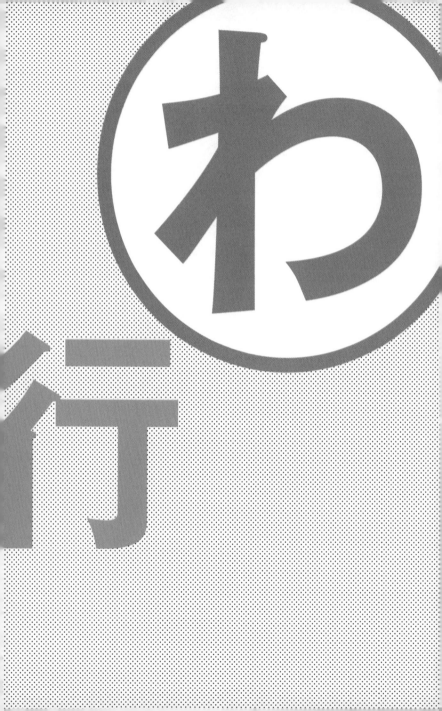

武器ことば77

わがまま

〈わがまま（我侭）〉

◆自分の都合を中心に物事を考え、他人の都合や事情を考えずに自分勝手に行動したり発言したりすること。

〈わがまま（我儘）〉

◆自分の意のままであること。身勝手。自分勝手。

楽器ことば77

わが　まま

ボクは、小学生の頃、通信簿に「わがまま」と書かれたことをよく覚えている。先生はボクのことをそんな風に見ているのかと落ち込んだ記憶がある。

確かに自分勝手で自分中心であったことは否めない。だが、自己をしっかり持ち、自分なりの考えを持っているともいえる。そこを褒めて欲しかったのに、全否定されたような気分だった。

長じて「わが」と「まま」の間に一文字分スペースを空けて、「わが　まま」と言ったら、ずいぶん印象が変わることを教わった。さすれば、自分流の振舞いということに格上げされたような気になる。

●ここまで、全国のことば磨き塾生と一緒に考えたものを中心に、「武器ことば」を「楽器ことば」に変換した実例77を紹介してきましたが、さらに「おまけ」を掲載します。

武器ことば　出ていけ！
↓
楽器ことば　ちょっと一服しようか

親子喧嘩して、あげくの果て「出ていけ！」。昔の雷オヤジならいざ知らず、時代錯誤甚だしい。だが、つい口から出てしまい、引っ込みがつかなくなる。

言われたほうも頭に血がのぼり「ならば、出ていく！」になると収拾がつかなくなる。そこは大人になって、深呼吸をして語調も改め、穏やかな声音で「ちょっと一服しようか」。一服したら、なんで怒っていたかも忘れてしまうかもしれない。

武器ことば　ヒヤリハット
↓
楽器ことば　ニヤリホット

お年寄りの介護施設などで、何か危ないことがあったら「ヒヤリハット」報告というのを出すそうだ。認知症のお年寄りが暴れかけたとか、車椅子から転げかけたとか…ヒヤリとしハットすることがあると「申し送り」として報告書に記していた。だが、それらを読んでも嬉しい気持ちにはならない。

そこで、ある施設で「ニヤリホット」報告に切り替えた。食事を残さず食べた、助けを借りずに歩けた…ほんのちょっとでも、思わずニヤリとしてしまうことやホット出来ることがあれば、それを「ニヤリホット報告書」に記す。それを読んだら明るい気持ちになる。

武器ことば 色が黒い
↓
楽器ことば 健康的な肌

ボクは、そんなに地黒ではないつもりだが、「焼けた？」と言われることが多い。ゴルフか海水浴に行って日焼けしてきたとでも思われているのだろうか。ボクは、そのどちらも行かない。

これまた先入観にもとづく詮索から、つい口走ることばだ。「色が黒い」という代わりに「健康的な肌ですね」と言われたら、それこそ健康的な笑顔が返ってくることだろう。

武器ことば 暇そうだね
↓
楽器ことば 盛り上がり待ち？

たとえ暇でも「暇そうだね」と言われると嬉しくない。さすがのU25、若い感性で「盛り上がり待ち」と言い換えた。

「暇」という現状維持から「盛り上がりを待つ」という未来志向に切り替わる。何かを頼まれた時「暇じゃない」とピシャリと断るのも後味が悪い。そこで「いま、手が空かないんだ」といえば後腐れがない。

武器ことば 何回言ったらわかるんだ！
↓
楽器ことば 耳にタコいくつついているんだい？

これまた上司が、仕事覚えの悪い部下に言いそうなことばだ。言いたくなる気持ちもわかるが、かつての自分を思い浮かべたらいい。そんな時は、ぐっと唾を飲み込んで、その場が和らぐ一言を考えてみたらいい。

U25でそう言われた経験者が、自ら言い換えを編み出した。「耳にタコいくつついていてぃるんだい？」とは、なかなか考えつかない。確かに何度も同じこと言われて「耳にタコ」が出来ているはずだ。そこを逆手にとってユーモアにしてしまう。

武器ことば　あなたとは違う
↓
楽器ことば　人それぞれだよね

自分と同じ人はいない。いないから違うから面白いのに、ついつい拒絶してしまう。意見が合わない。趣味が合わない。タイミングが合わない。すれ違いが続いて「あなたとは違う」とキッパリ言われた人がいた。取り付く島がないというやつだ。

そんなとき「人それぞれだよね」と言えたら、お互いの価値観を認め合うことになる。人それぞれ、顔が違うように考え方や言い方、振る舞い方が違って当然なのだから。

武器ことば　そのうちわかるよ
↓
楽器ことば　君には未来があるなぁ

駆け出しの頃、疑問に思ったことを先輩に問うと、「そのうちわかるよ」と、よく言われた。はぐらかされたようで嫌だった。結局、そのうちがどのうちかわからずじまいだった。たぶん、その時のボクに言っても理解不能と思われたのだろう。

でも「（わからないなりに）君には未来があるなぁ」とでも言ってもらえたら、自分で考えようとしたかもしれない。「そのうちわかるよ」では、今考えてもどうせわからないと烙印を押されたようなもの。思考停止してしまう。

武器ことば　静かにしてください
↓
楽器ことば　もう少しトーン落としていただけますか

ボクが、初めて入ったレストランでランチしていた時。そんなに大きな声で話していた覚えはない。店に他の客は一組。

いきなり厨房から出てきたシェフらしき人に「静かにしてください」と言われた。前触れ前置きなく言われ、気持ちが沈んだ。

「いらっしゃいませ」と前置きしてから「もう少しトーン落としていただけますか」と指摘されたら、そこまで沈むことはなかったろう。

武器ことば　ステイホーム
↓
楽器ことば　エンジョイホーム

ステイホームということば自体には何の責任もない。ただ「仕方なく家に居ざるを得ない」受動的なニュアンスがある。

小山薫堂さんは、嬉しいことばの達人だが「エンジョイホーム」と言い換えていた。これなら「自分が置かれた状況を自分なりにどう楽しむか」と能動的なニュアンスになる。

そう、嬉しくないことばは言い放しの一方通行だが、嬉しいことばには、相互交流があり、前向き建設的なものがある。

●この他にもまだまだありそうですね。読者の皆さんも「変換する」習慣をつけて、「嬉しいことば」の使い手になってください。

第二部

ことばを全身で聴く

―〝嬉しいことば〟で心の扉を開けよう―

「人の話を聴く」ということは、耳だけでなく心も一緒に、文字通り全身で受けとめ、聴くことだと思う。
ひとことも聴き漏らすまいというぐらいの心構えが必要なのだ。

「聞く」という漢字には、耳が一つだけ。
「聴く」という漢字には、耳と目と心が入っている。
「十四の心」もある。
「聞く」と「聴く」は、何がどう違うのか、いつも意識しておくといい。

漫然と「聞く」のでなく、精魂込めて「聴く」ことが大事なのだ。

「聴く」という行為は、いまだけ、ここだけ、あなただけ…。
その話を聴くために、相手目線で徹底して受け止め、相手の理解につとめることだ。

以前、「アナウンサーにとって大事な能力はなんだろう」と同業の仲間たちと語り合ったときがある。

そのとき、異口同音に「それはレシーブ力だろう」ということばが出た。

全身を耳にして、ひとことも聴き逃さないようにして、相手の心に自分の心を合わせるようにする。

素直な心で、一人一人の異なる相手に関心を持ち、その人の価値観を理解しようとする。

それが全身で聴くということだ。

〝愛づち〟名人になろう

❖きくさんのお小言

祖母の名は、村上きくという。

明治三六年生まれ。菊の花咲く頃に生まれたからその名がある。米寿の年に亡くなるまで、華道と茶道の師範だった。

毅然とした典型的な明治女だった。甘い顔はあまり見せなかった。ボクが幼い頃、田舎の祖母を訪ねても、孫を猫可愛がりはしなかった。

長じてＮＨＫアナウンサーになったときも、周囲に自慢するでなく、厳しい視線を注ぎ続けた。小まめに葉書をくれたが、そこには、いつも身を律して万事に臨むべし的なことが書かれていた。

祖母から来た最後の葉書には、叱責が書かれていた。「インタビューしているとき、あんたの相づちはなっていない。ウンウンという相づちは相手に失礼だ。ハイハイと丁寧な相づちを打ちなさい」

ぐうの音も出なかった。祖母は、その名の如く、ボクに「聴く姿勢」を教えてくれた人だ。

❖愛づち名人

そうなのだ。全身全霊をかけて人の話を聴くときに大切な要素に「相づち」がある。相づち次第で話が弾むかどうか決まる。「ふーん」とか「ほぉ」とか、いいかげんな相づちでは、話の接ぎ穂を奪ってしまう。

ことば磨き塾では、愛のある相づち、「愛づち」を打とうと伝えている。

なんと言っても、愛づち名人は、阿川佐和子さんだ。週刊文春の対談は、一千回を超える長期連載だが、彼女の質問は少ない。その代わり、短い合いの手（愛の手）が多い。「おもしろそう！」とか「さすが！」とか「よくわかる」とか、肯定的な相づちがほとんどなのだ。だから、相手は話したくなる。ボクも阿川さんと対談したとき、この「愛の手」に操られ、胸襟を開きっぱなしであった。

かつて、阿川さんが、作家の城山三郎さんにインタビューしたときのこと。城山さんは、「それで？」「どうして？」「それから？」と合いの手を上手に入れながら、穏やかで温かな表情でニコニコ聴いてくれた。

この人には、あれもこれも話したいという気持ちになれた。阿川さんは、そんな聴き上手になりたいと思ったそうだ。

❖いろんな相づち

餅つきの「手水」が上手に入ると、餅がうまくつき上がる。それと同じことだ。絶妙の合いの手しだいで、味わい深い話が出てくる。「愛づち」「愛の手」を意識したら、会話の達人になれる。

ただし、相づちは、打てばいいというものでもない。多すぎても耳ざわりになる。「はい、はい、はい」と何度も口にすれば、話に飽きたように聞こえてしまう。話を遮ってしまいかねない。

相づちには、無言の相づちもある。ボクは、ラジオを担当するようになってから、意識的に音声化せず、無言でうなずくようにした。真剣に相手の顔を見ながらうなずいていれば、相手は安心して話を続けられる。

もう一つ、相手のことばを反復する相づちもある。繰り返すことで、内容の確認が出来る。相手の気持ちに寄り添うことも出来る。

だが、これがボクには出来ていなかった。晩年の母は、「痛い、辛い、しんどい」が口癖だった。寄ると触ると、そのことしか言わない。聞いているほうも辛くなる。

だから、すんなり受け入れられなかった。「痛いのは生きてる証拠」などと、けんもほろろに言い放ってしまったことがある。

「痛い」と言われたら、「痛いよね」。「辛い」には「辛いよね」。「しんどい」には「しんどいね」。

反復するだけで、どれだけ母は心を安んじられたかわからない。それを息子は、ことごとく跳ね返していた。いまごろ、息子の相づち下手を祖母と一緒に笑っていることだろう。

それにしても、相づちは難しい。打つタイミングにしても、回数にしても、マニュアルはない。全身で聴きながら、自分で推し量るしかない。

そう、人の話を聴くということは、耳だけでなく全身で聴くものなのだ。ひとことも聴き漏らすまいというぐらいの心構えが必要なのだ。

「聞く」という字には、耳が一つだけ。

「聴く」という字には、耳と目と心が入っている。十四の心があるという人もいる。

そういえば、きくさんは、よく人の話に耳を傾けていた人だ。祖母が亡くなったとき、大勢の弔問客に混じって、身なりを構わないお年寄りが、なけなしの香典を握りしめて玄関先に立った。「私のようなものの話をよく聴いてくださいました」と。

沈黙力を鍛えよう

❖質問出来ないアナウンサー

ついつい質問することばかりに気をとられ、相手の話を聴き逃していることが多い。聴いているようで聴いていないのだ。

ボクも新人の頃、アナウンサーは質問するのが使命とばかり、事前に質問項目を必要以上に用意し、自分の質問ばかりに気をとられて、相手の答えなど耳に入っていなかった。

ところが、ある時、目からウロコが落ちるようなことがあった。ゲストは言語治療士として、長年活躍している木内哲子さん。

最初に予定していた質問をしたものの、湯水の如くことばが出てくる木内さんに、十五分間の番組中、ひとことも口を挟むことが出来なかったのだ。

アナウンサーとしては失格だと落ち込んでいたら、担当ディレクターからは「おまえが下手な質問しないのがよかった」と変な褒められ方をした。ゲストの木内さんも「きょうは思いっきり話せた」と上機嫌。

そうなのか！　これまで聴こう聴こうとしていたが、聴かないことも聴くことなのだと目が覚める思いがした。

「一を聴いて十を知ればいい」と悟った。「もちろん「一を聴いて十知った」気になってはいけないと肝に銘じながら、その後も相手にスイッチが入ったら、邪魔をせず、ひたすら聴くことにしている。

❖聴かない医師

緩和ケアというと、がん末期の、いわゆるターミナルを思いがちだが、医療そのものが、患者の痛みや辛さを緩和するのが目的なのだから、ある意味、医療の原点と言える。緩和医療一筋に歩んできた素晴らしい人格の医師に出会った。

大津秀一さんは一九七六年生まれ。四二歳の緩和医療専門医だ。最近、日本では極めて珍しい「早期緩和ケアクリニック」を開いたばかりだ。

緩和ケアには、末期がんで治療出来なくなった患者が痛みだけ和らげてもらうイメージがあるかもしれないが、そうではない。がんだけでなく、心臓病や認知症など、長期のケアが必要な患者の相談に応じる。

じっくり時間をかけて聴き取り、治療の方針や食事のことなどについてアドバイスをしていく。病気を根治させることは出来ないが、進行を遅らせることは可能だ。それには精神的な不安を拭い去ることが大きい。

大津さんは「患者さんの心の苦痛を取り除くのは難しいことです。どうしたら苦しみや後悔を減らすことが出来るのか、それればかり考えてきました」と語る。

患者に対応しながら、考えに考え、全身を耳にして、ひたすら聴くことが肝要だと気づいた。
「受け止めることは出来るかもしれない。僅かでも、その助けになることを願って話を聴くようにしています」。

❖沈黙は金なり

大津さんが、緩和ケアで重視しているのが「傾聴」だ。救ってあげるという気持ちは独りよがりになりがちだ。

自分自身で自分を助ける力を引っ張り出すような気持ちで臨むといい。

さらに傾聴で何より大切なことは、雄弁より「沈黙」。

ボクも経験上、インタビュアーは多弁を弄さないほうがいいと思う。矢継ぎ早に尋ねないほうがいいと思う。質問をあれこれこねくり回さないほうがいいと思う。

むしろ「沈黙」が、相手の多弁を誘発することのほうが多い。ひたすら聴くことに徹する。問いかけに対して明確な答えがなくても気にしない。

優しくしすぎない。同情しすぎない。気休めを言わない。相手の絶望に完全に寄り添うのは難しいという意識を持つことが、言動に表れる。「お気持ちはわかります」のような生半可なことばは出てこなくなる。中途半端な励ましは意味をなさない。自分にしか自分は救えないと、沈黙が相手に気づきを与える。

黙って相手が話したくなるのをひたすら待つ。ただし傾聴するとき、必要以上に深刻にならないことだ。かといって必要以上に明るくならないことだ。

横に並んで座り、相手に少し身体を傾けるようにする。自分の意見は差し挟まず、相手のことばを反復するようにする。

「いたいですね」「つらいですね」「しんどいですね」…気持ちを支えることばが大事。本気で聴いてくれている人には、本気で話してくれる。うわべだけのことばではなく、表情や口調も含め、まさに全身で聴くのだ。

間を楽しもう

❖吉永小百合さんの十三秒

それはそれは、心地よい時間だった。あとで計ったら十三秒。たかがされどの十三秒。女優の吉永小百合さんにインタビューしたときのことだ。

インタビューするときは、その人に関する資料を読み込む。当然、吉永さんのときも、そのようにした。どの資料にも、これまで出演した映画で最も忘れられない作品は『キューポラのある街』と書かれていた。昭和三七（一九六二）年に公開された映画だ。

当時、高校生だった吉永さんは、主人公ジュンを好演し、ブルーリボン賞主演女優賞を受賞し、大きく飛躍するきっかけとなった作品だ。当然忘れがたいのは言うまでもないはずだった。

にも関わらず、ムラカミは、「これまで演じた役で忘れられないのは何ですか」と、聴くまでもない愚問を発した。

即答が返ってくると思ったのに、吉永さんは考えこんだ。美しい唇がかすかに動くが、なかなかことばが出てこない。

日頃、せっかちなボクだが、待てるだけ待った。これが一三秒なのだ。一秒二秒を争う放送の世界では、かなりの間合いになる。だが、貴重な時間だと思った。

吉永さんの脳裏を走馬燈が駆け巡っている時間だったのだ。

女子学生、看護師、教師、レコード店員…いろんなヒロインの顔が思い浮かんだに違いない。しかし、無粋な聞き手は、我慢しきれず「それはキューポラのジュンでは？」と口を挟んでしまったのだ。

吉永さんは、「キューポラのジュンを乗り越えることが永遠のテーマ」だと思っている。

❖震災から五秒

宮城県石巻市の遠藤由理さんは、東日本大震災で当時三歳だった息子の命を津波に奪われた。我が子が最後に口にしたのが、泥の混じった冷たい海水だったと思うと、遠藤さんは辛くてたまらない。その辛さは何年経っても消えない。

ちょうど震災から五年のとき、遠藤さんに質問した。多くのマスコミが何の気なく言っているのと同じように、「震災から五年ですが、どのような気持ちで迎えられましたか」と聞いた。

やや間があって遠藤さんは、こう答えた。「私にとっては、たったの五秒です」。ボクはことばを失った。

「震災から五年」と一括りには出来ない。「震災から」と言ったあとに、間髪を入れずに「五年」と言うのではなく、そこに間を置き、いろいろな想いで受け止めている人々がいることを想像しなければならないと肝に銘じた。

東日本大震災の三日後の三月十四日から、当時担当していた番組『ラジオビタミン』を再開した。

災害報道の合間の放送なので、使うことばの難しさを感じながらマイクに向かっていた。ありきたりな励ましのことばは、空虚なものになる。被災された人たちの真に迫ることばを聴きながら、絶句することが多々あった。

なにも言えないのだ。だが、ことばにならないことばにも、ラジオリスナーとの想いが重なってくるような気がしてきた。

❖渡部陽一さんの隙間

戦場カメラマンの渡部陽一さんと、清流誌上で対談したが、聞きしに勝るスローな語り口だった。

「お声をかけていただき…光栄…です。戦場…カメラマンの…渡部…陽一…です」すべての話に…のような間合いがある。

ゆっくり口調は、昔からだった。小学校時代に、よく友達から「渡部くんの話し方はヘン」と言われていた。

大学一年生のとき、バックパッカーの旅行者として、軽い気持ちでアフリカに入ったら、少年ゲリラ兵に襲われて、九死に一生を得た。この苦い経験により、現地のことばを覚え、敵意のないことを伝える「ゆっくり丁寧な」話し方に拍車がかかった。

カメラマンとして、外国に取材に行くようになってからは、知っている単語を使って、ゆっくり話すと理解してもらえた。現地の人の声をよく聴き、自分の考えがいちばん正しいという思い込みは捨てるようしている。

渡部さんの間合いは、実に居心地がよい。入り込む隙間がいっぱいあるから安心出来る。この隙間に、いろいろ想像を巡らせることが出来る。

ことばの余韻を噛み締めることが出来る。渡部さんの隙間に、吉永さんの十三秒を思い出した。間を楽しむようになれたら、聴くことがもっと楽しくなるはずだ。

心の扉を開けよう

❖新人の心意気で

　ＦＭ８０５たんばで「たんば女性ＳＴＯＲＹ」というインタビュー番組を担当している。スタジオを街角のカフェに見立て、人生を変えた音楽やことばを通して、輝く女性たちの人生物語を聴いている。

　ＦＭ８０５は、四年前に兵庫県丹波市に誕生したミニＦＭ局だ。ＤＪは蕎麦屋や酒蔵の主、お寺の住職、子育て中の女性など、これまでマイクの前で話したこともない人がほとんだ。

そこへプロのボクが加わることには、いささか逡巡があったのだが、故郷の放送局ということもあり引き受けた。

そこで、自分に課したことがある。新人アナウンサーの初心に戻ろうということだ。事前に相手のことを知らないまま、ぶっつけ本番で臨むことにしたのだ。

そのほうが、互いに新鮮な驚きや気づきがあると思った。

番組のオープニング曲も、新人時代のＤＪ番組と同じものにした。オープニングで、臆面もなく「嬉しいことばで人の心の扉を開ける専門家」と自称しているが、新人時代は、扉の前で右往左往していた。

❖ノックの仕方がわからない

新人時代、重い録音機を担いで、ラジオ番組の収録に、よく出かけた。番組提案して、インタビュー取材して、テープ編集して…すべて一人でこなした。

編集が終わると、指導役の先輩に聞いてもらう。先輩は厳しかった。

理由も言わず「録り直しだな」と宣告され、泣く泣くお願いして再度インタビュー取材したこともある。

もっと厳しかったのは、十五分の収録用テープを一本しか持たされなかったことだ。現場で納得出来なくても、追加収録が出来ない。一発勝負を求められた。

あげく試聴してもらうと、「村上！　インタビューになってない！　インタビューとは、インターをビューすることなのだ！」と酷評される始末。

インターをビューすること…相手の心のうちを明らかにしていくことなのに、ボクは、心の扉のノックの仕方もわからないまま、上っ面を撫でるだけで精一杯だったのだ。

❖心の扉は、なかなか開かない。

ドンドンドンと、大きな音を響かせ、思いっきりノックしても逆効果。聞こえるか聞こえないかくらいのノックでは、無反応。いまだにノックの仕方はわからない。

だが、ふと気づくと、突然、扉が開くときがあるのだ。どうやら作為がないほうがいいようだ。扉の前にいることを、ノックや大声で伝えなくても、感じてもらえばいいようだ。ことさら存在をアピールしなくてもいいようだ。

よく野球の世界で「球の出どころがわからない」という。ピッチャーが投げる球が事前にわかってしまったら、バッターに狙い球を絞られてしまう。

ストレートかカーブかシュートか…投球フォームで相手にわからないようにしたら、バッターは予測出来ないから、あらかじめ構えることが出来ない。気が付いたら球が投げられていた。気がついたら打っていた。そんな状態が理想だ。

そうなのだ。聴き手も答え手も構えないことが、自然に扉を開けることに繋がる。

「さぁーこれからインタビューを始めますよ」「きょうは、こういうことを聴きますから、ちゃんとはぐらかさず答えてくださいよ」的なことではなく。

❖自分の気配を消す

ふとした瞬間、偶然のことばで、饒舌となるきっかけをつかむことがある。

その瞬間とは、構えを取り「捨て身」になったとき！まさに自分を捨て去ると、扉が開く。

例えば、こうだ。「いままで行った場所でいちばん印象に残っているのは？」とか「また訪ねてもいいと思う場所は？」と聞いても、なかなか思い通りに答えが返ってこなかったとき、「捨て身」になって、「ボクを連れて行きたいところは？」と尋ねた瞬間、スイッチが入ったことがあった。

人の心の扉を開けるには、まず「共感すること」。そして「ここはもっと聞いてほしい」というサインを見逃さないこと。

聞き慣れない言葉が出てきたら繰り返してみたり、納得のいく言葉に出会ったら、大いに愛づちをうってみたりするといい。

テクニックではないのだ。相手を想う心があれば自然と扉は開く。

第一球を考えよう

❖ことば磨きとは…

全国各地で「ことば磨き塾」を開催している。今年一月から二ケ所加わり、八ケ所となった。

ことばは、誰でも使える便利な道具だが、その取り扱いの方法がわからなくて戸惑っている人が多い。ことばの取り扱い説明書をケースバイケースで用意する必要がある。

意識して嬉しいことばを使い、嬉しくないことばは封印する必要がある。嬉しいことばが、相手の心の扉を開くカギになる。

話すことはアウトプット。引き出しからことばが出ていくばかり。だから懸命に聴いてインプットしないと、引き出しにことばがたまらない。

「自分のことはさておき」相手に身を委ね、聴くことに徹するのだ。あえて言えば、この塾は、話し方講座ではなく、聴き方講座なのだ。

先日、塾に大学の名誉教授が来られた。目的を持って研究一筋に歩んでこられた方だ。その方から「インタビューの目的とは何か」と問われたので、「目的のない宝探し」と即答した。

どういう宝を見つけたらいいのか、宝がどこにあるかもわからない。やみくもに手探りで進んでいくしかない。

宝が見つかるまで、簡単に納得しないで、つるはしを振り降ろし続けなければならない。だから思いもかけず金脈を当てたら面白いこと、この上ない。

❖最初の質問がすべて

インタビューは、第一球に何を投げるか。それで、すべてが決まると言ってもいい。直球でもカーブでもいいから、決めたら迷わず、早く投げてほしい。

なのに、マウンドに上がってから、投球練習を始める人が多い。球種を決めかねて、相談されるような場合もある。投球練習は事前にブルペンで入念にしてきてほしい。

ことば磨き塾のインタビューワークで、ふわりとした第一球を投げた人がいた。剛速球でもなく、予測していた球種でもなく、見たこともない球。

「平々凡々とした日々が好きなんです。空を見上げているだけで幸せなんです。村上さんにも、そんな出会いがありますか？」

この質問を「ズルイ」と評した人がいた。計算してこの質問をしていたらスゴイというのだ。相手を油断させるというか、まさに「ふわり」と懐に入る感じ。

「出会い」を聴くのに、この入り方は見事だ。

果たして、ムラカミの答えは全開した。「ベランダに来る鳩との出会い」を饒舌に語った。去年、巣作りした同じ鳩なのか、今年もやってきて、エサをねだりにくる。米粒を置いておくと、一粒残らず、平らげてくれる。

「その鳩との会話が、最近のなにげない幸せなのだ」と、嬉しそうに語ったのであった。

❖次の質問の種

第一球を投げたら、あとは、レシーブ力だ。どんなふうに打たれても、何が何でも、その球を見逃してはならない。

茫然と打球のゆくえを追うのではなく、必死にくらいついていってほしい。抽象的な質問では、具体的なことは話してもらえない。

具体的な質問を、簡潔にしていくことが大事だ。

「村上さんは、朝食はご飯派ですか？　パン派ですか？」と問われたので、「はい。三百六十四日パンです」と答えたら、聴き手は、スルーしてしまった。

どうして、三百六十五日でなく、三百六十四日なのかと気づかないのだろう。

「え！　あとの一日は？」と質問が出ないのだろう。ちなみに、あとの一日は、人間ドックのために絶食をせざるを得なかったという落ちだ。


もう一つの例。

「村上さんは、どんな子育てをしてきましたか？」と問われたので、「はい。子育てしたことがないんです」と答えたら、「あー、忙しかったんですね…」とことばに詰まり、次の質問が出なくなってしまった。

ちなみに「子育てではなく、子どもに育てられることばかりなんです」と答えたかったのに、答えさせてもらえなかったのだ。

第二球、第三球は、事前に考える必要はない。相手からの答えに次の質問の種がある。だが、その種を見過ごすことが多い。だから全身を耳にしなければならないのだ。

無理強いはやめよう

❖スタジオはお風呂

これまで、どのくらいの人にインタビューしてきただろうか…。

アナウンサーの職能には、ニュースを読むこと、実況中継すること、司会をすること…多々あるが、中でも、いちばん重要な職能は、インタビューすることだと思っている。インタビューはどんなことにもついてまわる。

ニュース原稿で意味がわからないことがあれば取材記者に聴きにいく。野球中継の前には、監督や選手に聴きにいく。芸能番組の司会では、出演者に聴く場面がある。

そして、インタビュー番組は、ただひたすら聴く仕事だ。

テレビだと五分か一〇分だが、ラジオは一時間近い長丁場。さらに周到な準備が必要だ。必要な資料を読み込み、自分で想定した構成を考える。その上で、本番は、「ここだけ」の話が聴けるよう全神経を集中させる。

ゲストには、事前に会うことを原則にしていた。その時は、本番で聴きたいことは置いて、雑談をする。親近感を持ってもらえたらと、なるべく自分のことを話す。「顔見知り」になっておくことが目的だ。そうすると、初対面感がなくなるから、本番がすんなり運べる。

打ち合わせの時、必ず口にすることがあった。

「スタジオは湯舟だと思っています。ボクは薪をくべたり抜いたりして、いい湯加減を作りますから、タオル一本持つつもりで来てください」それを真に受けて、タオル持参で来てくれた人もいた。

好みの湯加減は人によって違う。同じ人でも日によって違う。その日の適温を推し量りながら、湯加減調節するのがインタビュアーの役目だと思っている。

「村上湯」で、いい気持ちになってほしい。

❖入浴しない人には…

だがしかし、お風呂になかなか入らない人もいる。十二単を一枚も脱がない人もいる。女優のHさんは、何を聴いても、事前に読んだ資料と同じことしか言わなかった。破綻もなく予定通りの進行になってしまい、新しい発見は何一つなかった。

自分を守るために、それが彼女のスタイルなのだろう。

作家のIさんは、まるで原稿を書いてきたかのように、想定の範囲内でしか話さない。「自分で書いた原稿を読みながら泣く」という話もどこか他人事のように話す。淡々と感情を込めないのが、彼のスタイルなのだろう。

タレントのOさんは、事前の打ち合わせの際、触れてもらっては困ることをマネージャーから釘を刺されていた。本番で、自らその話題に誘導するような言動があったが、踏み込めなかった。スレスレを楽しむのが彼のスタイルなのだろう。

誰しも、開けたくない扉もある。それを察知するのもインタビュアーの役目だろう。そんな時は深追いせず、無理してこじ開けようとしないことだ。自分のスタイルを崩さない人と接しているうちに、そう思うようになった。

❖無口な人　口数の少ない人

誰もが饒舌なわけではない。無口な人もいるし、口数の少ない人もいる。まだ多くの「ことば」を持たない若い人は、質問してもすぐことばが見つからない場合がある。

学生ことば磨き塾で、ほとんど話さない高校生がいた。何を聴いてもリアクションがない。そこで、じっと待つことにした。しゃがみこんで、彼と視線を合わせ待った。一分くらい経っただろうか。蚊の鳴くような声だったが、振り絞るようにして、ことばを発した。彼の頭がフル回転しているとき、急かしてしまうと、開きかけた蕾が、また閉じてしまいかねない。

臨床哲学の鷲田清一さんに教わった話がある。

ずっと壁を見つめたまま動かない精神病の患者がいた。鷲田さんは何をしているのか問いかけず、横に並んで壁を眺めることにした。

三〇分くらい経って、精神病の患者から鷲田さんに聴いてきた。「何をしているんですか?」と。待ちの姿勢が、相手の口を開かせたのだ。

鷲田さんは、相手の口から出かけた言葉を先取りしない。

「それはこういうことなんですよね」と先取りしてしまうと、聴き手の観念の中に相手を嵌め込んでしまうことになる。だから待てるだけ待つ。

待つことも無理強いしないことだ。

俯瞰で聴こう

❖二対一のインタビュー

かつてNHKで『女性手帳』という番組があった。

男性アナウンサーと女性アナウンサーが、ペアを組んで、一人のゲストに五日間、インタビューする番組だった。一九六七年から八二年まで、十五年間も続いた。

森本毅郎さんや山根基世さんも担当していた。同じ人に五回二時間半にわたって聞くわけだから、幅広い見識を得られる濃密な時間だった。

ボクにも、『おはよう日本』や『ラジオビタミン』で、二人でインタビューした経験がある。ひとことで言い切ってしまえば、息が合わないことが二人インタビューの面白さだろう。自分でハンドリング出来ないもどかしさはあるが、自分では考えつかない質問が出てきたり、方向を変えたいとき「by the way」的な質問をしてもらったり出来る。

考え方やベクトルが違うわけだから、一人で聴いているより、思わぬ展開を見せることが多い。一人で聴いていると、見落としがちなことをフォローしてもらえることもある。突っ込みと抑え、マクロとミクロ、ロングとアップ、質問に窮したらカバーする、こぼれ球を拾う・・・こういうコンビネーションがうまく出来たら、インタビュー内容が深まり膨らむ。

ペアの片方が聴いているうちに情報整理しながら、二の矢三の矢を考えることも出来る。

インタビューするにあたっては、事前に仮説を立て、テーマを決めて臨むといいが、途中で、伏線のテーマが見つかったら、そこで軌道修正出来たらいいのだが、なかなか踏ん切りをつけられない。

さらに、話が横道に逸れたときこそチャンスなのだが、横道に逸れたらまずいのではという固定観念から、なかなか抜け出せない。

本題の追求もいいのだが、「横道」に思いもかけぬ「いい話」が待ち受けているかもしれない。横道に入った瞬間、「なんで」「どうして」「どのように」と素朴な疑問をぶつけていくと、もっと扉が開くかもしれない。

二人で聴いていたら、伏線や横道にも気づきやすい。ほんとうは、これらのことが一人でインタビューするときにも生かせることが出来たらいいのだが・・・。

❖離見の見でインタビュー

ジャパネットたかたの前社長の高田明さんが、師匠として仰いでいるのは、室町時代の能楽師、世阿弥だ。

世阿弥のことば「我見（自分側から相手を見る視点）」「離見（相手が自分を見る視点）」「離見の見（全体を客観的に見る視点）」を自分の糧にしている。

特に「離見の見」を大切にしてきた。売らんかな主義の勝手な押しつけではなく、消費者の立ち場を意識した「俯瞰」の眼差しを忘れていないから、ついつい購買意欲をそそられる。

高田さんのことばは、示唆に富んでいる。聴くことの参考にもなる。

「僕らはいつもお客さまの立場になって、商売をさせていただいています。自分だけがいいと思い込んでいると感じられたら、お客さまは離れていってしまいますからね。この商品は、みなさんの暮らしの中で、こういう使い方をしたら暮らしがこんなふうに変わりますと、いつも第三者目線で説明するよう心掛けてきました」

「いい悪いという評価が出てきますが、それも解釈次第です。人間の性格だって、ぐずぐずしている人は、慎重な人だという解釈もできるわけでしょう。弱点はすばらしい一面でもあるんです。商品も同じで、ある炊飯器を素晴らしいと売ったあとに、別な炊飯器の素晴らしさを訴えてもいいんです。それぞれのよさがあって、いちばんが一つとは限らないんです」

いちばんが複数あるという考え方は、まさに「離見の見」。

一つのことだけに固執していると「我見」が強くなる。自分の思い込みを捨てて、俯瞰目線で聴くことを心がけたい。

突っ込むだけでなく抑えも必要、ミクロ的視点だけでなくマクロ的視点も必要、アップだけでなくロングも必要。一面的インタビューにしないためには、もう一人の自分に登場してもらう感覚で臨むといい。

気持ちいいボタンを押そう

ＮＨＫ京都文化センターで「聴く」ことに特化した講座を開いていたことがある。「話し方」や「朗読」の講座は山ほどあるが、「聴く」講座は珍しいのではないかと密かに自負している。

先日、気持ちいいボタンを押すことを意識したワークをやった。相手のことを観察し、髪型や洋服、持ち物について、変化や特徴に気づいたら、それをことばにして伝えるのだ。気持ちいいボタンを押されたら、そこでボクが手を挙げるのだ。

この連載でも、「心の扉を開けよう」というテーマを四回目に取り上げたが、今回はその続編。気持ちいいボタンを探して、上手に押せば心の扉は開きやすくなるはずだ。ボタン探しは、暗中模索状態でいいのだ。身体のツボを探す感覚で、あちこち押すうちに見つかるものだ。押さないと、何も始まらない。

❖愛の一声運動

簡単な「気持ちいいボタン」の押し方は、愛の一声運動だ。昔から、ボクは、愛の一声運動推進に努めてきた。相手のいつもと違う微妙な変化も見逃さず、それを指摘すると、気づいてもらった嬉しさに、一気に緊張が解け、心の扉が開きやすくなる。

だが、日本人はこれが不得手だ。まず気づかない。せっかく美容院に行ってきたのに…、せっかく新しい靴を買ったのに…、せっかく珍しい時計をはめているのに…「のに」「のに」ばかりではつまらない。

日本人は、気づいても、なかなか口にしない。お世辞に思われないかとか、お節介と思われないかとか、変に気を回してしまい、言いそびれる。

ここは気にせず、ボタンを押してみよう。外れることは、まずない。

この日、ボクはムースもつけず、ナチュラルヘアで行った。開口一番「きょうの髪型かっこいいですねー」と言ってもらったとたん、即座に挙手。

塾生の中に、電話でお客さま対応をしている人がいる。その人は、相手の話をさえぎらないようにしているそうだ。

聞き間違えがあるといけないから、相手の話をリピートするようにしているそうだ。これは、相手に「聴いてもらってる感」を抱かせ、「気持ちいいボタン」が押されること請け合いだ。

あまり度が過ぎてもいけないが、相手に気持ちに寄り添うことが、心の扉を開けてもらう第一歩だ。自分を出来る限り抑えて、相手の思いに耳を傾け、自分との共通項を考えていく。そういう「共感力」が、気持ちいいボタンの場所探しに役立つ。

「村上さんがお地蔵さんに手を合わしていた姿に感動した」という人がいた。

確かにボクは道端にあるお地蔵さんの前を素通り出来ない。よくぞ、そういうところを見ていてくれたものだと、嬉しくなり手を挙げた。

さらに、お地蔵さんに手を合わせ、頭を下げる様子を「他の方が見るとほっとすると思いますよ」と言われ、自分のしたことがそんなふうに受け止めてもらえるのかと、さらに嬉しくなり、また手を挙げた。

❖よかった探し

気持ちいいボタン押しの達人になるには、「よかった探し」を習慣化することだ。それには、格好の教材がある。

営業コンサルタントの和田裕美さんが作った『人生よかったカルタ』だ。簡単にはよかったと思えないことが書いてあるが、締めくくりのことばは「よかった」。カードを引き当てた人は、なぜよかったと思えるのか「陽転思考」で説明する。

例えばこうだ。

「わざわざ行ったレストランが閉まっていてよかった。隣に思いがけずいいレストランを見つけられた」「眠れなくてよかった。考える時間をもらえた」「デートをドタキャンされてよかった。きっとこの次は三倍楽しいデートになる」どんなことも「よかった」と思える思考を身につけておけば、気持ちいいボタンを探しやすくなるはずだ。

自分が否定的に考えていたことを「陽転」させてもらえたら、誰しもいい気持ちになれる。

聴くということは、相手の心を愛情をもって受け止めること。それが相槌や態度に現れる。本気の相槌は「愛づち」になる。

この話をもっと聴きたいという質問にもつながる。

昔から「聞くはいっときの恥。聞かぬは一生の恥」という。聴くことは、知らないことを知る喜びなのだ。

自分を抑えよう

❖はなしききや!?

名刺に『はなしききや』と書いてあった。名は坂本純子とある。この人も「全身で聴く」ことが出来る人に違いないと、ボクのセンサーが働いた。

坂本さんを訪ねて、千葉県船橋市まで行ってきた。坂本さんは、八〇歳らしいが、どう見ても六〇代にしか見えない。笑顔がはちきれんばかりだ。声がハツラツとしている。

坂本さんは、第二と第四の水曜日、午後一時半から三時半までは、きまって船橋市勤労市民センターの喫茶室にいる。

派手に募集もしないのに、三々五々、話を聴いてもらいたい人がやってくる。悩みを抱えた人が、笑顔あふれる人生を送れるように、少しでも心の負担が軽くなるよう、全身を耳にして聴く。

坂本さんは、高知で生まれた。ご本人曰く「いごっそうに近いはちきん」だそうだ。「いごっそう」は、頑固で気骨のある快男児。「はちきん」は、明朗快活なはっきりした女性のこと。

ともに土佐の男と女を表す代名詞だ。その両方を兼ね備えた坂本さんには、心を打ち明けやすいのかもしれない。

❖ことばの音を聴く

坂本さんの夫が、大腸がんになり入院したとき、見舞いに行っては口論していた。病にいらだつ夫、看護疲れを理解してもらえない妻、双方の気持ちのすれ違いが原因だった。

これではいけないと、坂本さんは、「傾聴ボランティア」の講座を受講した。傾聴とは、自分を信じた上で相手を信じることが大切だと教わった。自分がいちばん出来ていないことだった。

自分がどれだけ傾聴が出来るのか試してみようと始めたのが「はなしききや」のカフェだった。もう三〇回続けてきた。

坂本さんの試みには、「全身で聴く」ヒントがいくつもあった。

大きな吐息が出る辛さも、気が晴れない悩みも、聴きとる。「心のマンホールの蓋」が取れてことばが飛び出すのを、ひたすら待つ。

中途半端なやさしさは持たないようにしている。その人のかかえる現実を受け止めるだけ受け止める。そのとき自分の感情は控えるようにしている。

そして、いちばん大切にしていることは、相手のことばに込められた「感情の音」を聴き分けることだ。

同じ「大変なんです」ということばでも、語尾の微妙なニュアンスを聴き逃さないようにしている。語尾が上がるか下がるか、語調が強いか弱いかで心理状態が違うはずだ。その「感情の音」に合わせてリアクションすることを心がけている。

「身体は食べるもので出来ている。心は聴いてきたことばで出来ている。未来はこれから発することばで出来ている。だから、どういうことばを使うか、いつも自分に問いかけている」と、坂本さんは言う。

❖感情は勘定に入れない

この日は、「ききや」ではなく「しゃべりや」になってしまったと、坂本さんは笑っていた。

「そりゃあ、話を聴くプロですもん」と、ボクは心の中で呟いたが、「ききや」を自称する人の想いを、必死になって聴いた。

元気そうに見える坂本さんだが、実は膝の痛みを抱えている。だが、「痛い」とは言わない。「痛い痛い」という時間が無駄だと思うから。ある日、「痛い」を自分の意識から外すようにしたら、痛みが和らいだ。

坂本さんの聴くという行為も、相手の「痛み」を和らげることだ。人間が持ち合わせている「否定的な感情」を「肯定的な感情」に変えていくことだ。

ただし、そのように誘導することではない。みな自分で解決策は持っているはずだ。それに気づくまで、ひたすら聴くのだ。自分の意見は言いたくても抑えて。

かつて青森県弘前市の『森のイスキア』で、多くの人の想いに耳を傾けていた佐藤初女さんも自分を出さない人だった。初女さんは、なんの問いも発しない。その背中に向かって人々は心情を吐露する。

話し終わった頃合いを見計らって、拵えたばかりのおむすびが差し出された。

ジブンヲカンジョウニ入レズニ　ヨクミキキシワカリ　ソシテワスレズ
宮沢賢治も佳き聴き手であったに違いない。佳き聴き手とは、自分の感情を勘定に入れない人なのだ。

枠や構えを取り払おう

❖語り部でなく聴き部

東日本大震災の被災地には、及ばずながら何度も足を運んでいる。八年たった今も復興は道半ばという印象だ。特に心の復興には時間がかかる。

今年冬、宮城県南三陸町の「ホテル観洋」に、全国から四〇〇人の参加者が集い『東北被災地「語り部フォーラム」２０１９』が開催された。

パネルディスカッションのテーマは『みんなが語り部』。そのコーディネーター役の「人とホスピタリティ研究所」代表の高野登さんに話を聴いた。

被災経験者には、風化することに対する恐怖心があるという。だから、いまこそ、全員が語り部になる必要がある。だが、かさ上げや防潮堤が景観を変え、「震災遺構」が消えゆく中、語れる人と語れない人が出てきた。現状を目の当たりにすれば語れたが、語る対象物がなくなり、伝え方が問われている。

そういう状況の中で、これから必要なのは、語っていくことを受け止め引き受ける勇気だと、高野さんはいう。

「語り部」でなく「聴き部」の存在が大切になると提議する。だから、東北に足を運んで耳を傾けることが大事だ。語りを聴かないと、どんどん風化していく。

❖東北の傾聴の達人

東北の被災地で二万を超える人々の声に耳を傾けた「傾聴の達人」がいる。宮城県栗原市にある通大寺住職の金田諦應《たいおう》さんだ。

金田さんは「カフェ・デ・モンク」という移動喫茶を運営してきた。軽トラックに喫茶店の道具一式を詰め込んで、被災地を巡る。おいしいコーヒーを無料で提供しながら、被災者の話を聴くなごみの空間を提供している。「ｍｏｎｋ」は英語でお坊さんのこと。「文句」を聴きながら、一緒に「悶苦」するという洒落っ気たっぷりなネーミングだ。

金田さんの著書『傾聴のコツ』（三笠書房）は、実体験に基づいた示唆に富んだ本だ。福島県郡山市の書店で偶然見つけ、読み耽った。そして、金田さんに電話をして話を聴いた。さすがによく通る声だ。そして、ボクの言うことを即座に理解したような笑い声が印象に残った。さすが傾聴の達人だ。

震災直後、ヘドロと遺体の臭いを嗅ぎながら追悼行脚するうちに、「宗教者としてのフレーム（枠組み）が壊れてしまった」と言う。被災者の苦悩を前にしたとき、肩書は何の用もなさなかった。法衣を着て被災地の入るのをやめた。

救うとか仏の世界に導くという姿勢は封印した。仏の言葉、経典の文言も一切口にしなかった。

そして聴き手の自分は「暇げで、軽みのある佇まい」を意識するようにした。そこにいることが特別でなく、昔からずっとそこにいたような空気のような存在でいようと心がけた。

金田さんは、相手の語ることを全て肯定するようにした。「わかるよ」と中途半端な共感はせず「よく伝わったよ」と受け入れた。これまでの自分の価値観をいったん脇に置き、まっさらな状態で聴くようにした。

相手の話の裏にある物語を見つけるようにした。「さみしぐね」と東北弁で言われても、本音かどうかわからない。東北弁の文法がわかるものとして、全身を耳にして、ためいき一つ聴き逃さず、身じろぎ一つ見逃さないようにした。

自分は「相手を映す鏡」であろうとした。苦しみ哀しみを背負った人が、自らの姿を客観的にみられるようになればいいと思った。

❖金田流傾聴のコツ

話ながら心の整理をし、向かうべき道筋を見つける手伝いをしようと思った。凝り固まった感情が動き出しただけでも一歩前進だ。人間の持つレジリエンス（自己回復能力）が傾聴によって引き出されていく。

もう一つ、傾聴で大切なことは、自分の思考のクセを客観視することだ。そうしないと、会話中に不用意なことばで相手を傷つけたり、自分の思う方向へ話を誘導してしまうからだ。傾聴は、あくまで相手のためにある。

東北には「もぞこい」という方言がある。「せつないくらいに愛おしい」というニュアンスだ。相手を「もぞこい」と真剣に想う心が、相手の構えを取り払い、心の扉を開いてくれる。

おせっかいになろう

❖おせっかいと親切

兵庫県の丹波市役所福祉部の接遇研修の講師を務めてきた。

役所に手続きに行くと、所在ない気持ちになることが多い。読者の中にも、紋切り口調で事務的な対応、マニュアル的な対応をされて、不快な思いをされた方もいることだろう。

ボクの研修テーマは、『おせっかいな丹波市役所になろう！』。

役所は、読んで字の如く、役に立つ所であるべきなのに、届け出や手続きに来た市民の気持ちを汲んだ対応が出来ているだろうか…。転ばぬ先の杖を用意出来ているだろうか…。

そんな思いを抱きながら、五つのグループに分けて、話し合いながら研修を進めた。

まずは、「おせっかい」と「親切」の違いについて話し合ってもらった。

「親切」について出た意見は…「身内や友人の内向け」「望まれたことをしている」「相手の気持ちに寄り添う相手基準」「された方が有難いと感じる」。

「おせっかい」について出た意見は…「他人向け」「望まれていない押しつけ」「自分基準、自己満足」「有難迷惑、余計なお世話」「サザエさん」「大阪のオバチャン的」。

どうも「おせっかい」の分が悪いような気がした。そこで、ボクは、親切はサービス、おせっかいはホスピタリティに例えた。

サービスは、「いつでも、どこでも、誰にでも」。ホスピタリティは、「いまだけ、ここだけ、あなただけ」。みんな納得顔。これで、いささか「おせっかい」の旗色がよくなった気がした。

ボクは、おせっかいには、見返りを期待せず、時々スベることもあるけど、そんなこと気にせず、笑顔見たさについつい…行動に出てしまう。そんなイメージを抱いている。

❖伝えると伝わる

「伝える」と「伝わる」の違いも考えてもらった。この「え」と「わ」の一文字の違いが大きい。だが、この違いがわからず、伝えたつもり伝わったつもりの何と多いことか。相手が聴いてくれているか、理解してくれているか確認を怠ると、ことばは宙に浮いたままで、行き場を失うことになる。

「伝える」と「伝わる」を比較した意見をまとめてみる。

「一方的か双方向か」「自分目線か相手目線か」「事務的か心に響くか」「発信か受信か」「主観的か客観的か」「努力するか自然体か」「相手の理解に関係なく話すか、相手が理解したことを自分も理解するか」「情報発信者が主役か聴き手が主役か」。

違いがよくわかっている人が多かった。ことばをボールに例えたら、やみくもに投げず、キャッチャーの構えているところに、ちゃんと投げるようにする。ボールを受け止めてもらったことまで確かめる。

そうしたら、ことばは伝達される。これがわかっていれば接遇はうまくいくと思う。

❖聞くと聴く

市民の声を「聞く」のと「聴く」とのは、何がどう違うのかも話し合ってもらった。

「聞く」は、「無意識」「興味なくても音として入ってくる」「耳から入ってくるだけ」「hear」。

「聴く」は、「相手の気持ちを理解しようと意識する」「心を寄せる」「心を傾ける」「傾聴」「listen」。

漫然と聞くのでなく、精魂込めて聴くことが大事だと再認識してもらえた。

こうしてみると、「親切、伝える、聞く」と「おせっかい、伝わる、聴く」には、それぞれ共通項があることに気づいた。

「聴く」という行為は、おせっかいなことなのだ。いまだけ、ここだけ、あなただけの話を聴くために、相手目線で、徹底して受け止め、相手の理解につとめる。全身を耳にして、ひとことも聴き逃さないようにして、相手の心に自分の心を合わせるようにする。

コミュニケーションの質を高めるには、「素直な心で、一人一人の異なる相手に関心を持ち、その人の価値観を理解しようとする」ことを意識する必要がある。

これぞ、おせっかいの極み。建前でなく本気でなければならない。全力でなければならない。そんな職員のいる役所なら、行きたくなるはずだ。

質問を磨こう

❖質問って何だろう？

全身で聴くためには、質問しなくては始まらない。このところ、「質問」は何のためにするものなのか、いい質問、悪い質問とは何か、考え続けている。ことば磨き塾の塾生にも問うてみた。

まず、質問とは何のためにするものなのか…。

新しい自分を見つけるため。自分が生きていくため。わからないことを知るため。相手の考えを確認するため。距離を縮めるため。自分をどう思っているのか知るため。

では、悪い質問とは…。

プライベートに踏み込んでしまう。無理やりこじあけようとする。期待した答えを誘導する。矢継早に聞いてしまう。アバウトに聞く。上から目線で聞く。オブラートに包まない。わかりきったことを聞いてしまう。答えに困ることを聞く。

そして、いい質問とは…。

お互い、新しい一歩が踏み出せる。相手が安心出来る。人柄が見えることを聴く。好きなことや聴いてほしい絶好球を投げる。答えやすいことを聴く。共感しやすい共通項を探す。互いに「新しい価値観」を得るようなことを聴く。

❖茂木さんと池上さんの質問観

脳科学者の茂木健一郎さんは、「質問は、自分を成長させ、脳の可能性を最大限に引き出すもの」だという。

質問は、自分の現状や自分自身を大きく変える力になる。質問は、自分の生き方、行動、思考を導き出す。質問は、自分が快適に生きるための新たな選択肢。質問は、人生をポジティブにする。

これからの時代は「質問力」で決まると言い切る。

人は「どうしたら今よりよくなるか？」と自分や他人に問うことで、文化や生活を進化させてきた。

誰を相手にするかは別として、質問をしない人はいない。人工知能（ＡＩ）が発達し、人間より多くのことを成し遂げられるようになっても、質問する力があれば、自分の居場所を失うことはない。

むしろ自分の求める生き方を推進し、誰にも縛られずに自由な生き方ができる。質問には、そんな秘められた力がある。

そんな大きな力を秘めているのに、日本人は質問をするのが苦手だ。

「こんな質問をしたら、バカだと思われる」「こういう質問したら、笑われてしまう」そう考えて、質問することをためらう。それではもったいない。

自分を知るために、自分を成長させるために、どんどん質問しよう。

NHK時代の先輩、池上彰さんは、「いい質問ですね！」が口癖だ。池上さんは、その著書『知の越境法』の中で、「質問は未知のことを知るだけでなく、自分を謙虚にする」と述べている。つまり自分がいかに知らないかということを質問が教えてくれ謙虚になれるということだ。

ジャーナリストは質問するのが仕事。いかにいい質問をするかが常に問われている。池上さんの考える「いい質問」とは、「素朴なことを聴くのを恐れない。こんなことを聴いたら恥ずかしいと思わず初歩的なことも聴く。そして相手に向かってリスペクト光線を出した上で、たまには、想定外の質問もしてみる」。

ものおじしない池上さんの質問力は、聴いてほしいことをズバリ突くので、スカッとする。

❖江戸しぐさの「聴き方上手」

江戸の人たちの振舞いを伝承する「江戸しぐさ」。

その伝承でも、聴き方について指摘している。ずばずば核心をつくような質問をして、相手から情報を引き出すのは聴き上手とは言えない。相手が自然に話したくなるようにする。

江戸しぐさは、とにかく相手を立てることを旨とした。

それにはまず、身体を前に傾け、身を乗り出すようにする。全身を耳にする感覚だ。その場でメモを取るのは洗練されていない「しぐさ」だ。

特に大事なのは「あいづちしぐさ」。

相槌の語源は、刀鍛冶の師匠が槌を打つ合間に、弟子が佳き間合いで槌を打つことから来ている。弟子が師匠に合わせるように槌を打つように、相手の話に合わせて「ほほう」「それで」などと合いの手を入れたら、相手も話しやすい。

江戸しぐさで伝承されてきたことと、ボクの伝えてきたことが合致してほっとした。

全身で聴くことで、自分の世界が広がる。自分のことばの引き出しが増える。聴くことを全身で楽しんでほしい。


（清流出版・刊「月刊清流」二〇一九年一月号～十二月号　連載より）

あとがきに代えて

嬉しくないことばをピックアップしているときは、沈滞ムードが漂います。

だが嬉しいことばに変換を始めると、とたんに明るい空気に変わるんです。

このたびのコロナウイルスは、「ことば」にも感染拡大したような気がします。人を傷つけることばが広がり、不安に陥れるような物言いが増えました。

嬉しいことばが街に溢れたら、街が変わり、国が変わり、地球が変わり、諍いがなくなり平和になると本気で思います。

使うことばで人は変わり、耳に入ることばで人は変わるのです。

皆さんもご一緒に「嬉しいことばの種まき」をしましょう。

二〇二〇年十月

村上 信夫

◆著者略歴

村上 信夫（むらかみ のぶお）

1953年、京都生まれ。元NHKエグゼクティブアナウンサー。

これまで、『おはよう日本』『ニュース7』などを担当。2001年から11年に渡り、NHKラジオの「声」として活躍。

現在は、「嬉しいことばの種まき」をテーマにした活動を、全国各地で幅広い年齢層に向け、精力的に行っている。東京・京都・大阪などで「ことば磨き塾」を主宰。東京・麟祥院で、月1回「大人の寺子屋」も開催。

放送中の番組は、文化放送『日曜はがんばらない』、シャナナTV『縁たびゅう』、FM805『たんば女性STORY』。

著書に『嬉しいことばが自分を変える』（ごま書房新社）など多数。

■ http://murakaminobuo.com

嬉しいことばが自分を変える
— ことばの取扱説明書 —

2020年11月12日　初版第1刷発行
2022年 3 月12日　　第2刷発行

著　者	村上 信夫
発行者	池田 雅行
発行所	株式会社 ごま書房新社 〒102-0072 東京都千代田区飯田橋3-4-6 新都心ビル4階 TEL 03-6910-0481（代） FAX 03-6910-0482
カバーイラスト	（株）オセロ 大谷 治之
DTP	海谷 千加子
印刷・製本	精文堂印刷株式会社

ISBN978-4-341-08774-6 C0095